DESIGN PATTERN PROGRAMMING

디자인 패턴

박용범 지음

도서출판 한산

저자서문

디자인패턴을 배우는 여러 가지 방법이 있지만, 시대에 따라 그리고 그 목적에 따라 다른 방법이 적절히 선택 되어야 할 것이다. GoF의 디자인패턴은 디자인 패턴의 소개와 그 종류를 분류별로 소개하는 성공적인 교재이며, Head First 디자인 패턴은 성공적으로 디자인 패턴을 이해시키는 매우 훌륭한 교재이다. Idiot 시리즈의 디자인 패턴 또한 직접 코드를 통해 디자인패턴을 살펴보는데, 좋은 책이며 디자인패턴의 적용과 선택을 위해서는 Shalloway의 Design Patterns Explained가 좋은 선택이다. 그 밖에 더 많은 디자인 패턴 책이 나와 있다. 이렇게 좋은 디자인 패턴 책이 많은데, 또 한 권의 디자인패턴 책이 왜 필요한지가 필자에게는 무척 고민이 되는 부분이었다. 하지만 필자는 필자의 강의 경험 속에서 알게 된 학생들이 현실적 질문과 그 내용에 치중하여 책을 쓰게 되었다. 또한 웹 프레임워크와 디자인 패턴을 이해를 하기 쉽게 하고 프레임워크를 쉽게 사용하게 하고자 하였다. 이 책의 장점은 가능한 내용을 축약하여 늘 휴대하기 쉽게 만들었다는데 있다. 패턴이 익숙해 질 때까지 이 책을 곁에 두고 사용하기를 희망해 본다.

디자인 패턴은 객체지향 프로그래밍을 기반으로 한다. 따라서 디자인 패턴을 배우고 사용하기 위해서는 먼저 객체지향 개념을 먼저 익혀야 한다. 본서에서는 객체지향 프로그램 개념을 따로 다루지 않을 것이다. 따라서 객체지향 프로그램 개념을 먼저 익히고 본서를 사용하는 것이 바람직하다.

마지막으로 도서출판 한산의 도움에 감사드린다.

차례

생성패턴 – 생성자의 한계를 극복

01 생성자의 한계

먼저 디자인 패턴과 관계된 주요 객체지향 문제를 살펴보기로 한다. 객체지향의 주요 개념 중 코드의 재사용이 있다. 코드를 재사용하기 위해서는 무엇보다도 코드가 종속적이지 않고 독립적으로 작성되어야 한다. 독립적인 코드 작성을 이해하기 위해 다음 코드를 살펴보자.

애완동물을 다루기 위한 코드를 짜고자 한다. 어떤 사람이 자신의 애완동물을 개로 선택을 했다고 하자. 이를 코드로 작성하기 위해서 'Dog'이란 객체 클래스가 있다고 하면 다음과 같은 코드가 작성된다.

코드 1-1 생성자(Constructor)

```
  …
1 class Dog {
     …
2 }
  …
3 Dog myPet = new Dog();
  …
```

그림 1-1 클래스 표현

[코드 1-1]의 줄 1과 2는 객체를 정의하는 부분이고, 줄 3은 이미 정의 되어있는 객체 'Dog'의 인스턴스(instance)를 하나 생성하고 이를 'myPet'이라는 변수에 할당하는 코드이다. 이 코드에 특별한 문제점은 없다. 하지만 몇 가지 생각해봐야 할 점을 가지고 있다. 첫 번째, 나중에 애완동물로 개가 아닌 다른 동물을 원한다면 어떻게 해야 할까? 예를 들어 고양이를 애완동물로 선택한다면, 이 코드는 계속해서 사용될 수 없다. 'myPet'이라는 변수가 'Dog'으로 지정되어 있어 'myPet'이라

는 변수 자체를 사용할 수 없는 상황이 된다. 이럴 때 사용되는 대표적이며 가장 일반적인 방법이 개와 고양이를 모두 포함할 수 있는 추상객체를 선언하고 이 객체를 상속받는 개와 고양이를 만들어 주는 것이다.

코드 1-2 상속(Inheritance)

```
class Pet {
}

class Dog extends Pet {
}

class Cat extends Pet {
}
```

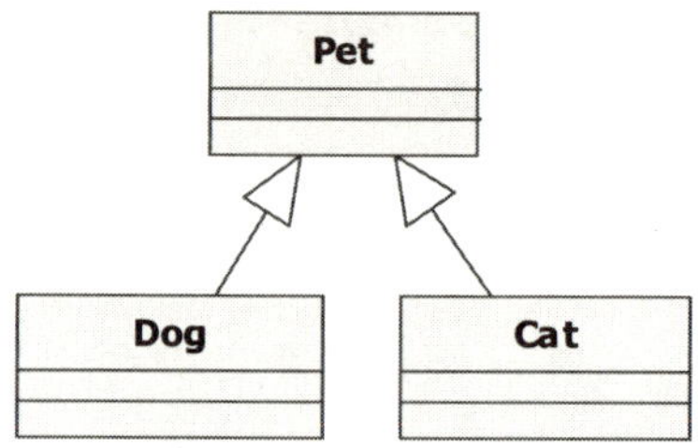

그림 1-2 객체 상속 표현

자 이제, 애완동물을 개로 선택했다가 나중에 고양이로 바꿀 수 있게 되었다. 'Pet'이라는 추상객체를 선언하였기 때문에 보다 융통성이 있는 변수로 'myPet'을 선언할 수 있다. 이를 코드로 표현하면 다음과 같다.

코드 1-3 추상객체 활용

```
Pet myPet = new Dog();
...
myPet = new Cat();              // 애완동물을 바꿀 수 있다.
...
```

여기까지 내용으로 독립적인 코드 작성에 대한 이해를 간접적이나마 알 수 있을 것이다. 'myPet'이라는 변수는 앞에서 'Dog'객체에 종속적이었지만 코드의 개선으로 'Dog', 'Cat' 객체 모두 사용할 수 있게 되었다. 더 나아가 앞으로 현재까지 정의되지 않은 'Fish'라는 객체를 'Pet' 으로부터 상속 받아 생성한다면 이를 'myPet'에서 사용할 수 있게 된다. 이와 같이 코드가 독립적이 되면 이전 코드의 변화 없이 새로운 코드를 작성해 나갈 수 있다. 결과적으로 이런 코드는 재사용되기가 쉽다.

코드 1-4 자유로운 객체 추가

```
class Fish extends Pet {  // 새로운 애완 동물 Fish를 정의
}

Pet myPet = new Dog();     // 기존코드
...
myPet = new Cat();         // 기존코드
...
myPet = new Fish();        // 코드 수정 없이 추가로 새로운 애완동물 이용
...
```

좀 더 현실적인 상황을 만들어 보기로 하자. 회사 사원모델은 현실 속에서 자주 다루어지는 형태의 프로그램이다. 일단 회사에 근무하는 모든 사람은 사원(employee)이다. 하지만 모두 같은 사원이 아니고 처음 회사에 입사하면 평사원(staff)이 된다. 몇 년 근무하고 나면 대리(assistant manager)로 승진이 되고 과장(manager)이 되며 더 지나면 부장(department head)이 된다. 이렇게 시간이 지남에 따라 변화가 생기는 프로그램은 앞서 소개한 방법을 사용하는 것이 좋다. 만일 새로 들어온 "김철수"라는 사람이 있다고 해보자. 새로 들어온 신입이니 아마도 "김철수"는 평사원이 될 것이다. "김철수"가 평사원임을 프로그램 하기 위해 평사원객체를 정의하고 평사원 김철수를 선언하게 되면 쉽게 프로그램이 가능하지만 나중에 김철수가 대리 또는 과장으로 승진했을 때 이를 표현하기 위해 코드 자체를 수정하여야 한다. 이를 프로그램상에서 보면 다음과 같다.

코드 1-5 승진 표현이 불가능한 예

```
class Staff {
}

class Manager {
}
...
Staff kim = new Staff();
...
Manager kim = new Manager();  // 오류.
// 같은 이름을 사용할 수 없다.
...
```

즉, 승진을 표현할 수 없어 사원인 김철수, 과장인 김철수를 각각 만들어야 한다. 이제 앞에서 다룬 추상클래스를 이용하여 이 문제가 어떻게 해결되는지를 살펴보자

코드 1-6 승진 표현이 가능한 예

```
interface Employee {
}
class Staff implements Employee {
}
class Manager implements Employee {
}

Employee kim = new Staff();
…
kim = new Manager();  // 승진 할 수 있다.
…
```

이와 같이 독립적인 코드를 작성하여 프로그램을 개선하여 나갈 수 있다. 여기서 사용한 객체지향 프로그램 기법은 추상클래스의 상속이다. 자바에서 제공하는 인터페이스(interface)를 활용한 상속 프로그램을 작성한 것이다. 이와 같이 객체지향 기술을 이용하여 코드를 재사용할 수 있게 프로그램 한다. 하지만 생성자(constructor)는 항상 코드를 종속적으로 작성하게 만든다. 즉 위 예제에서 평사원, 과장 등 한 회사의 사원이 승진하게 되는 직급이 무엇이 있는지 알아야만 코드 작성이 가능하다. 물론 나중에 다른 종류의 직급, 예를 들어 차장이 만들어지면 차장의 사원 인터페이스로부터 상속받아 만들어 줄 수 있지만 여전히 객체 생성코드를 수정해야 하는 문제가 있다. 이러한 문제를 보다 쉽게 접근하기 위해서 많은 프로그래머들은 여러 가지 시도를 하였고, 그 결과 특정한 형태의 프로그램 패턴이 매우 유용함을 알게 되었다. 생성 패턴(creational patterns)은 생성자를 보완하게 해주는 패턴 모임의 총칭으로 사용된다.

Workshop

Step 1 Frog라는 객체를 만들어라.

Step 2 앞에 만든 Frog객체에 swim()이라는 메서드를 만들고 메서드가 호출되면 “breaststroke”이라고 출력하게 만들어라.

Step 3 Tadpole이라는 객체를 만들고 호출되면 “swimming like fish”라고 출력하는 swim()이라는 메서드를 포함 시켜라.

Step 4 bigEye라는 Tadpole을 선언하고 bigEye의 swim()을 호출한 후 bigEye를 Frog로 바꾼 후 다시 bigEye의 swim()을 호출하여라.

Step 5 Step 2의 Frog를 AdultFrog로 개체 이름을 바꾸어라.

Step 6 swim()이라는 메서드 원형을 포함하는 Frog라는 인터페이스를 선언하라.

Step 7 AdultFrog와 Tadpole가 Frog를 상속 받도록 변경하라.

Step 8 Frog bigEye를 선언하고 bigEye를 Tadpole로 만들어 swim()을 호출하고 다시 bigEye를 AdultFrog로 만들어 swim()을 호출하라.

연습문제

1. Workshop의 Step 4 코드를 보고 어려운 점이나 불편한 점을 지적해 보라.

2. Workshop의 Step 8코드를 보고 무엇이 개선 된 것인지 지적하라.

Workshop Answer

Step 1:
```
public class Frog {
}
```

Step 2:
```
public class Frog {
   String swim() {
      return "breaststroke";
   }
}
```

Step 3:
```
public class Tadpole {
   String swim() {
      return "swimming like fish";
   }
}
```

Step 4:
```
Tadpole bigEye = new Tadpole();
System.out.println(bigEye.swim());
Frog bigEye = new Frog();
Stemp.out.println(bigEye.swim());
```

Step 5:
```
public class AdultFrog {
   String swim() {
      return "breaststroke";
   }
}
```

```
Step 6:
public interface Frog {
   String swim();
}

Step 7:
public class AdultFrog implements Frog {
   String swim() {
      return "breaststroke";
   }
}

public class Tadpole implements Frog {
   String swim() {
      return "swimming like fish";
   }
}

Step 8:
Frog bigEye = new Tadpole();
System.out.println(bigEye.swim());
bigEye = new AdultFrog();
Stemp.out.println(bigEye.swim());
```

생성패턴 – 생성자의 한계를 극복

02 Abstract Factory Pattern

생성패턴 중 가장 간단한 패턴이며 이름을 모르고 있었을 뿐 이미 프로그램에서 사용하고 있을 수 있는 패턴이다. 또한 패턴을 알고 있다는 사람도 잘못 사용하고 있는 패턴이기도 하다. 많은 경우 Factory Pattern을 사용한다는 사람들이 사용하고 있는 것은 Simple Factory라고 불리는 것이다. Factory Pattern은 간혹 Factory Method와 Abstract Factory를 뒤섞어 혼동하며 사용한다. 하지만 Factory Method와 Abstract Factory는 조금 다른 것이고 그냥 Factory Pattern이라 하면 Abstract Factory Pattern로 이해하는 것이 좋을 것 같다.

잠깐 패턴의 이름에 관해서

모든 디자인패턴에는 이름이 있다. 이름을 부여하는 것이 대단한 일이 아니라 생각할 수도 있으나, 패턴에 이름을 부여함으로써 생기는 이득은 상당히 놀라운 것이다. 이를 이해하기 위해 잠시 생활 속 다른 이야기를 해보자. 집에서 사용하는 나사 못이 있다. 현재 우리가 사용하는 나사 못은 대부분 재질과 규격이 명시되어 있으며, 이들 재질과 규격을 알면 나사 못이 지탱할 수 있는 강도를 알아낼 수 있다. 좀 더 나아가면 현수교의 구조를 가지는 다리가 버틸 수 있는 강도는 줄의 강도와 기둥에 따라 결정 난다. 만일 못 하나하나를 직접 만들어 사용해야 하는 과거였다면 못 하나하나의 강도를 알기 힘들었을 것이고 앞에서 언급한 현수교를 만드는 것은 아마도 불가능했을 것이다. 이것이 가능한 것은 현수교라는 다리 구조에 관한 용어가 있고 나사의 규격이라는 것이 공통적으로 (표준화) 사용되고 있기 때문이다. 우리 프로그래밍 분야에서도 코드를 일일이 설명하지 않고 사용할 수 있는 공통어가 있다. 그 중 하나가 여러분도 잘 알고 있는 정렬(Sort)라는 프로그램이다.

> 자료를 크기 순으로 나열하는 프로그램인 정렬은 별도로 어떻게 프로그램을 짜야 하는지 한 줄, 한 줄 설명할 필요 없이 사용할 수 있는 용어이다. 이런 용어를 늘려주는 것이 바로 디자인 패턴의 이름이 되겠다.

설명의 편의상 Simple Factory를 먼저 도입하고 이를 확장하여 Abstract Factory Method을 설명하기로 하겠다. 앞장에서 설명하였듯이 생성자는 여러모로 코드를 종속적으로 만든다. 변화가 예상되는 부분에는 생성자에 의한 영향을 최소화하는 것이 좋다. 이를 간단히 달성하는 방법은 생성자(Constructor) 호출을 한 객체 또는 한 장소에 모아 생성을 책임지게하고 거기에서 생성과 생성 관련 보조작업을 맡기는 것이다. 좀 더 이해하기 쉽게 코드로 살펴보자. 앞서 살펴본 [코드 1-6]의 회사 사원모델을 계속해서 사용하기로 한다. 아래 코드는 회사 사원모델을 이용한 사원 관련 코드이다.

코드 2-1 생성자 이용

```
Employee one, two, three;
......
one = new Manager();
two = new Staff();
three = new Staff();
...
three = new Manager();
...
```

초점이 흐려지지 않도록 우리에게 관심 있는 코드만 나타냈다. 여기에는 여러 종류의 사원이 생성되고 있음을 알 수 있다. 앞장에서 설명한 것과 같이 생성자는 여러모로 문제점이 있다. 자, 여기서 생성자로부터 벗어나 보자.

> **잠깐 생성자를 없애고 싶은 이유**
>
> 간략히 다시 언급해 보면, 상속, 특히 자바에서는 인터페이스를 이용하여 객체의 변화를 반영하는 좋은 방법이 있었지만, 이것 역시 생성자의 한계를 벗어날 수 없어 다른 코드의 변화로부터 독립적인 코드의 작성에 생성자가 걸림돌이 되었다. 생성자는 각각 확정된 객체 (Concrete object)가 있어야 호출될 수 있으며, 확정된 객체에 변화가 생기면 잠재적으로 수정될 가능성이 생긴다. 물론 여기에 있는 예제에서처럼 생성자가 쉽게 찾아 볼 수 있다면 편하겠지만, 수만, 수천 줄의 코드에 생성자 호출이 여기저기에 펼쳐져 있으면 그 수만, 수천 줄의 코드를 모두 살펴야 한다. 따라서 생성자를 따로 관리할 수 있다면 좀 더 변화에 대응하기가 쉽다.

이제 코드로 돌아가 생성자를 별도로 관리하기 위한 방법을 생각해 보기로 한다. 가장 단순한 해법은 객체 생성을 책임지는 메서드(method)를 하나 만들고 여기서 객체 생성을 담당하게 하는 것이다.

코드 2-2 객체 생성 담당 메서드

```
1   Employee getInstance(String choice) {
2   if(choice == "manager") return new Manager();
3     if(choice == "staff") return new Staff();
4       ......
5   }

6   Employee one, two, three;
    ......
7   one = getInstance("manager");
8   two = getInstance("staff");
9   three = getInstance("staff");
    ....
10  three = getInstance("manager");
    ...
```

이제 생성과 관련된 변화가 생기면 이 메서드를 고치면 된다. 실제 생성자를 호출한 코드를 찾아볼 필요가 없어 좀 더 손쉽게 되었다. [코드2-1]의 2, 3, 4, 5번 줄 생성자의 호출은 [코드 2-2]의 7, 8, 9, 10으로 변경되어 실질적인 생성자 호출은 일어나지 않는다. 하지만 아직 이 생성자 호출 대리 메서드는 같은 객체 안에 있으므로 생성자 관련 변화가 발생하면 이 객체를 수정하여야 한다. 이제 이 메서드를 별도의 객체로 정의하여 생성관련 변화가 생기면 원래 객체의 수정 없이 새로 정의되는 생성전담 객체를 살펴보면 되도록 만들어 보자.

코드 2-3 객체 생성 전담 객체

```
class EmployeeFactory{
public Employee getInstance(String choice) {
     if(choice == "manager") return new Manager();
     if(choice == "staff") return new Staff();
     ……
  }
}
```

이렇게 생성자를 모아 관리하게 되면 앞으로 생성자와 관련된 모든 사항의 검토는 이 객체를 관리하는 것으로 가능해진다. 이제 여기에 정의한 객체를 이용하여 [코드 2-2]를 수정하면 다음과 같이 수정된다.

코드 2-4 객체 생성 전담 객체 사용

```
Employee one, two, three;
EmployeeFactory myFactory = new EmployeeFactory();
……
one = myFactory.getInstance("manager");
two = myFactory.getInstance ("staff");
three = myFactory.getInstance ("staff");
…
three = myFactory. getInstance ("manager");
```

이제 [코드 2-4]에는 생성자가 빠져 있어 생성자에 관한 수정이나 변화가 생기면 이에 대한 대응은 'Factory'객체에서 처리하면 된다. 예제로 보기에는 큰 차이가 없어 보이지만 이미 이러한 코드를 사용하고 있는 사람이라면 이렇게 하는 것의 장점을 잘 알고 있을 것이다. 프로젝트의 규모가 클수록 이렇게 관련 있는 것을 모아 놓으면 관리가 용이하다.

'Factory'객체인 'EmployeeFactory'는 getInstance() 외에는 객체 종속적인 요소가 없으므로 getInstance() 를 정적 메서드(static method)로 만들어 객체 생성 없이 그대로 사용하여도 무방하다.

코드 2-5 정적 메서드의 적용

```
class EmployeeFactory{
public static Employee getInstance(String choice) {
    if(choice == "manager") return new Manager();
    if(choice == "staff") return new Staff();
    ......
  }
}

Employee one, two, three;
......
one = EmployeeFactory. getInstance ("manager");
two = EmployeeFactory. getInstance ("staff");
three = EmployeeFactory. getInstance ("staff");
...
three = EmployeeFactory. getInstance ("manager");
```

여기까지의 코드를 보면 아마도 경험있는 프로그래머들은 상용 패키지를 이용할 때 자주 나타나는 객체 생성방법이라는 걸 알 수 있을 것이다. 하지만 아직 Abstract Factory Method은 아니다. 좀 더 변화를 주도록 하자. [코드 2-3]과 [코드 2-4]로 다시 돌아가 'EmployeeFactory'객체를 생성할 때 생성자 호출 시 어떤 객체가 만들어져야 하는지를 지정하도록 바꾸어 보자.

코드 2-6 객체 생성 전담 객체2

```
class EmployeeFactory{
  Private String choice;
  EmployeeFactory(String choice) {
    this.choice = choice;
  }
Public Employee getInstance() {
```

```
        if(choice == "manager") return new Manager();
        if(choice == "staff") return new Staff();
        ......
    }
}
```

[코드 2-6]에서는 변경된 코드 전담객체를 보여준다. 'choice'라는 속성(attribute)를 추가하여 생성자에서 그 값을 설정하게 하였다. 이를 사용하는 코드를 작성해 보면 [코드 2-4]보다는 다소 복잡해 보이고 양도 늘어났음을 알 수 있다.

코드 2-7 객체 생성 전담 객체2 사용

```
Employee one, two, three;
......
EmployeeFactory emplyeeFactory = new
EmployeeFactory("manager");
one = employeeFactory.getInstance();
emplyeeFactory = new EmployeeFactory("staff");
two = employeeFactory. getInstance ();
emplyeeFactory = new EmployeeFactory("staff");
three = employeeFactory.getInstance ();
...
emplyeeFactory = new EmployeeFactory("manager");
three = employeeFactory. getInstance ();
```

[코드 2-7]을 살펴보면, 객체 생성을 결정하는 문자열 "manager", "staff"는 어떤 객체가 생성될 것인지를 알려주지만 실제 생성되는 'Manager'객체나 'Staff'객체와 직접적으로 연결된 것은 아니라는 점을 알 수 있다. 다시 말하면 "staff"라는 문자열을 꼭 사용하지 않더라도 [코드 2-6]과 [코드 2-7]에서 "staff"라는 문자열을 모두 "normal"이라고 바꾸어도 문제가 없다. 즉 객체 생성을 결정하는 문자열은 하나의 선택을 결정해주는 요소일 뿐이라는 것이다. 이점을 이용하면 다음과 같은 확장이 가능하다.

코드 2-8 객체 생성 전담 객체의 확장

```
1   interface Work() {
2   }

3   class Professional implements Work {
4   }

5   class Novice implements Work {
6   }

7   class EmployeeFactory{
8      Private String choice;
9      EmployeeFactory(String choice) {
10        this.choice = choice;
11     }
12  public Employee getEmployeeInstance() {
13        if(choice == “manager”) return new Manager();
14        if(choice == “staff”) return new Staff();
          ......
15     }
16     public Work getWorkInstance() {
17        if(choice == “manager”) return new Professional();
18        if(choice == “staff”) return new Novice();
          ......
19     }
20  }
```

[코드 2-8]을 보면 줄 1~6까지 새로운 업무 객체 ‘hierarchy’를 만들었다. 그리고 줄 12와 줄 16을 보면 “EmployeeFactory’를 확장하여 사원 객체를 생성해 주는 getEmployeeInstance()뿐만 아니라 업무를 생성해주는 getWorkInstance()도 볼 수 있다. 이렇게 ‘EmployeeFactory’ 생성시 “manager”를 선택하여 다양한 객체 생성을 지정할 수 있다. 즉 한번의 선택으로 원하는 집합의 객체 생성 매커니즘을 제공받을 수 있는 형태가 된다. 이제 Abstract Factory Method으로 다가가기 위해 마지막 정리가 남아 있다. [코드 2-8]에 getEmployeeInstance() 메서드와 getWorkInstance() 메서드에 나타나는 중첩된 if 문장(또는 switch case 문장)은 상속을 통한 다형성(polymorphism)으로 제거할 수 있다. [코드 2-9]와 [그림 2-1]의 클래스 다이어그램은 이를 보여준다.

코드 2-9 추상 팩토리 패턴의 도입

```
interface EmployeeFactory{
Public Employee getEmployeeInstance();
Public Work getWorkInstance();
 }

class ManagerFactory implements EmployeeFactory {
public Employee getEmployeeInstance() {
return new Manager();
}
public Work getWorkInstance() {
     return new Professional();
}
}

Class StaffFactory implements EmployeeFactory {
Public Employee getEmployeeInstance() {
return new Staff();
   }
   Public Work getWorkInstance() {
      return new Novice();
   }
}
......
```

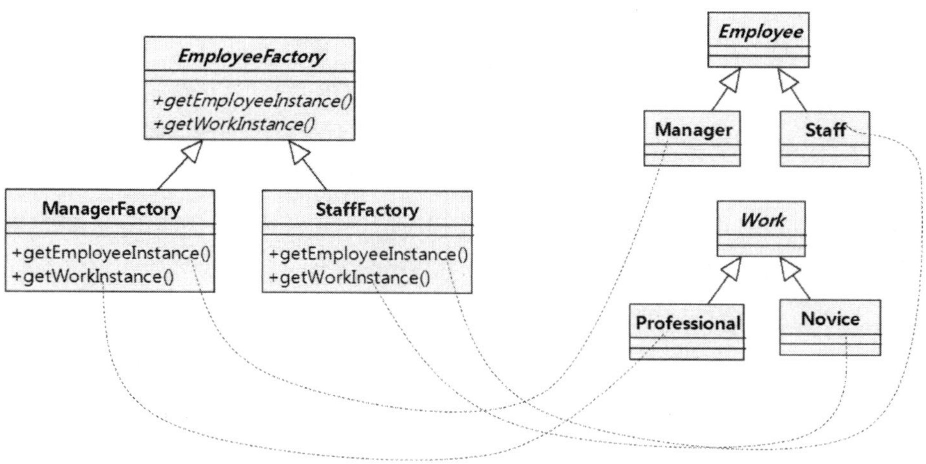

그림 2-1 Abstract Factory Pattern이 도입 된 클래스 다이어그램

이와 같이 생성을 대리하는 Factory를 만들면 관련된 여러 객체의 집합을 생성하는 인터페이스를 정의할 수 있고 미래에 새로운 Factory객체를 정의할 때 유용하게 이용될 수 있다. 예를 들어 [코드 2-9]에서 새로운 사원 형태인 임원(Executive) 사원을 추가하고 임원에 대한 업무객체를 만들고자 할 때 [그림 2-1]과 같은 구조를 가지고 있으면 'EmployeeFactory'를 상속 받아 'ExecutiveFactory'를 만들고 여기서 생성에 필요한 처리를 해주면 된다.

Pattern Card Abstract Factory Pattern

목적

확실한 객체 클래스가 정해지지 않은 상태에서 객체 또는 여러 관련 객체를 생성하는 인터페이스를 제공한다.

적용상황

여러 형태의 다른 구현 객체들이 있고, 어떤 객체가 생성되어야 할 지를 결정하는 변수들이 여기저기에 나타날 때 미리 정의된 조합이나 객체를 제공해야 할 경우에 사용된다.

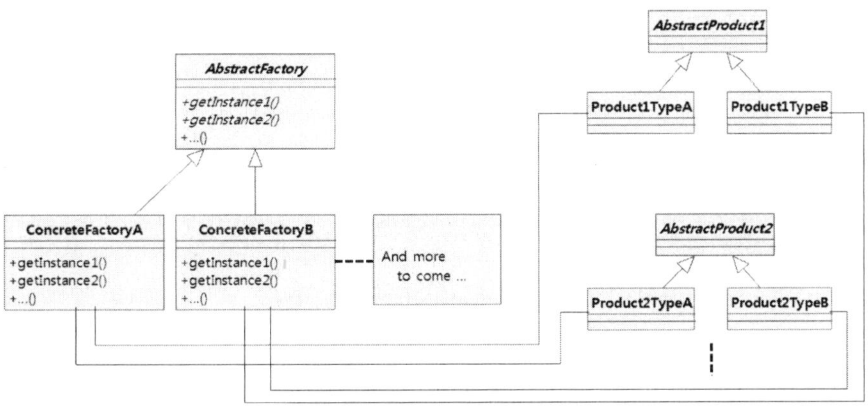

그림 2-2 Abstract Factory Pattern

Workshop

어드벤처 형식의 게임을 만들고자 한다. 지금 작성하는 부분은 게임 캐릭터를 생성하는 부분의 코드이다. 하나의 캐릭터를 생성하려면 캐릭터의 형태와 무기 그리고 복장을 선택하여야 한다. 즉 하나의 캐릭터를 생성하기 위해 그 캐릭터의 무기와 복장도 동시에 생성하여야 하며 캐릭터 무기 복장이 합쳐져 하나의 고유한 캐릭터가 된다. (여기서는 생성자만을 중점으로 보기 위해 특별한 지시사항이 없는 경우, 모든 객체는 자신이 어떤 객체인지를 밝히는 whoAmI()라는 메서드를 가진다)

Step 1 Weapon 인터페이스를 선언하고 Weapon을 상속받는 Sword, Dagger, MagicWand, UnicornWand 객체를 만드시오.

Step 2 Dress 인터페이스를 선언하고 Dress를 상속받는 ChainMail, Armor, Clock, Cape 객체를 만드시오

Step 3 Character라는 객체를 만들고 talent라는 속성을 두고Fighter속성이나 Magician속성값을 가지도록 만드시오

Step 4 RoyalFighter는 Fighter속성을 가지는 Character로서 Sward와 Armor를 장착한 캐릭터들을 말한다. Fighter속성을 가지는 Character, Sward 그리고 Armor 3가지 객체를 생성하는 메서드를 가지는 RoyalFighter라는 객체를 만들어라.

Step 5 Novice는 Fighter속성을 가진Character이지만 Dagger와chainMail을 장착하고 있는 캐랙터 형태이다. 또한 DoomedFighter는 Sward와 Armor를 장착했지만 Magician속성을 가진 Character이다. Step 4의 RoyalFighter를 확장하여 Abstract Factory Pattern이 적용된 캐랙터 생성 객체를 만들어라.

연습문제

1. 생성자를 없애고 싶은 이유를 간략히 서술하시오

2. 아래 문장에 빈칸을 채우시오.

> 생성자를 대리하는 (　　)를 만들면 관련된 여러 객체의 집합을 생성하는 인터페이스를 정의할 수 있으며 미래에 새로운 (　　)를 정의할 때 유용하게 이용될 수 있다.

3. 생성자를 모아서 관리할 때의 장점은 무엇인지 논의 하시오.

4. 생성을 대리하는 객체를 생성할 때 얻어지는 장점이 무엇인지 논의 하시오.

5. 아래 문장에 빈칸을 채우시오.

> Abstract Pattern이란 확실한 (　　)가 정해지지 않은 상태에서 객체 또는 여러 (　　)를 생성하는 (　　)를 제공한다.

6. 추상 팩토리 패턴에서는 객체 생성을 전담하는 객체를 사용한다. 이를 사용함으로써 생기는 장점은 무엇인가?

7. [코드 2-8]에 나타나는 중첩된 문장을 제거할 수 있는 방법을 제시하시오.

8. [코드 2-9]에 Pay라는 인터페이스를 선언하고 각 계급에 따라 구현 클래스인 ManagerPay, StaffPay를 만들고, 이를 EmployeeFactory에 추가하시오.

9. [코드 2-9]에서 임원의 업무를 정의하는 업무객체 Specialist가 있다고 가정하고 임원(Executive)사원과 임원에 대한 업무객체의 생성을 대리해주는 ExcutiveFactory를 추가 하시오.

Workshop Answer

```
Step 1:
public interface Weapon {
   String whoAmI();
}

public class Sword implements Weapon {
   String whoAmI() {
      return "Weapon: Sword";
   }
}

public class Dagger implements Weapon {
   String whoAmI() {
      return "Weapon: Dagger";
   }
}

public class MagicWand implements Weapon {
   String whoAmI() {
      return "Weapon: Magic Wand";
   }
}

public class UnicornWand implements Weapon {
   String whoAmI() {
      return "Weapon: Unicorn Wand";
   }
}
```

```
Step 2:
public interface Dress {
   String whoAmI();
}

public class ChainMail implements Dress {
   String whoAmI() {
      return "Dress: Chain Mail";
   }
}


public class Armor implements Dress {
   String whoAmI() {
      return "Dress: Armor";
   }
}

public class Clock implements Dress {
   String whoAmI() {
      return "Dress: Clock";
   }
}

public class Cape implements Dress {
   String whoAmI() {
      return "Dress: Cape";
   }
}

Step 3:
public class Character {
   static final int Fighter = 1;
   static final int Magician = 2;

   private int talent;
```

```
  Character(int talent) {
    this.talent = talent;
  }
}

Step 4:
public class RoyalFighter {
  Character getCharacter() {
    return new Character(Character.Fighter);
  }
  Weapon getWeapon() {
    return new Sword();
  }
  Dress getDress() {
    return new Armor();
  }
}

Step 5:
pubic interface DramatisFactory {
  Character getCharacter();
Weapon getWeapon();
Dress getDress();
}

public class NoviceFactory() implements DramatisFactory {
Character getCharacter() {
    return new Character(Character.Fighter);
  }
  Weapon getWeapon() {
    return new Dagger();
  }
  Dress getDress() {
    return new ChainMail();
  }
}
public class RoyalFighterFactory() implements DramatisFactory {
Character getCharacter() {
```

```
        return new Character(Character.Fighter);
    }
    Weapon getWeapon() {
        return new Sword();
    }
    Dress getDress() {
        return new Armor();
    }
}

public class DoomedFighterFactory() implements DramatisFactory {
Character getCharacter() {
        return new Character(Character.Magician);
    }
    Weapon getWeapon() {
        return new Sword();
    }
    Dress getDress() {
        return new Armor();
    }
}
```

생성패턴 – 생성자의 한계를 극복

03 Factory Method Pattern

Factory Method Pattern은 그 설명이나 목적만 봐서는 정확한 내용을 이해하기 쉽지 않은 패턴이다. 그만큼 특수한 상황을 해결하여야 하는 배경을 가지고 있기 때문이다. Factory Method Pattern를 설명하는 많은 책자에서도 Factory Method Pattern을 잘못 적용하는 경우가 있다는 것을 보아도 이 패턴이 이해하기 쉬운 패턴이 아니라는 것을 증명한다. GoF를 포함한 여러 책자에서 Factory Method Pattern를 설명하기 위해 프레임워크(Framework) 제작 사례를 들고 있다. 데이터 파일을 다룰 수 있는 프레임 워크 제작이라는 특수 상황을 생각해 보자.

잠깐 라이브러리(library), 프레임워크(framework) 그리고 패턴(pattern)

쉬운 것 같으면서도 정작 확실하게 하려 하면 혼돈이 되는 것들이 있다. 라이브러리, 프레임워크 이런 단어는 쉽게 사용하고 있지만 정확하게 설명하려 하면 명확하게 하기 힘든 단어들이다.

라이브러리나 프레임워크 모두 실제 코드로 작성된 집합임에는 틀림없다. 또한 남이 작성한 코드를 다른 사람이 사용한다는 것도 동일하다. 하지만 라이브러리는 기능(function)중심의 코드를 제공하여 주는 것이다. 즉 내가 작성하고자 하는 코드의 일부분을 미리 남들이 작성해 놓은 코드를 이용해서 작성할 수 있도록 미리 라이브러리라고 불리는 코드의 집합을 만들어 놓은 것이다. 이에 반해 프레임워크는 남들이 작성한 융통성 있는 코드 안에 필요한 코드를 내가 작성하여 채워 넣는 것이다. 보통 프레임워크는 특정 상황의 가정이 있다. 예를 들어 Microsoft사의 MFC 프레임워크는 윈도우 어플리케이션 제작을 가정하고 만들어져 있다.

따라서 대부분의 윈도우 어플리케이션 코드가 미리 작성되어 공급되어 있으며 되도록 최대한의 자유를 보장하며 사용자가 자신의 로직(Logic)을 추가로 프로그램할 수 있도록 되어있다. 즉 프레임워크에서는 미리 남들이 만든 코드 속에 자신의 용도에 맞는 코드를 작성해서 집어넣는 것이다. 이런 관점에서 보면 라이브러리와 프레임워크는 완전히 반대되는 개념이다. 마지막으로 지금 우리가 다루고 있는 패턴은 직접적인 코드를 제공하는 것이 아니라 개념 또는 프로그램을 위한 구성을 제공하는 것이다. 이런 점에서 패턴은 라이브러리와 프레임워크와는 완전히 다른 개념이다.

대부분의 프레임워크는 뒤에 소개하게 될 MVC패턴을 채택하고 있으며, 이 MVC 패턴의 주요 원칙인 데이터와 어플리케이션 그리고 뷰(view)를 독립 시킨다는 정도만 이해하고 여기서는 넘어가기로 하자. 문서 편집기를 위한 프레임 워크를 예를 들어 생각해 보자. 문서 편집을 위한 프로그램과 데이터를 파일로 저장하거나 파일을 읽어 들일 수 있는 데이터 파일 처리 프로그램 부분이 독립적으로 작성하는 것이 필요하다. 쉽게 말하면, 문서파일을 저장하는 양식과 문서를 작성하고 편집하는 것은 별개의 개념이라는 것이다. 하지만 완전히 독립적일 수는 없고 꼭 필요한 최소한의 기능만 제공하면 된다.

예를들어 *.hwp, *.doc와 같은 파일저장 방식이나 파일을 처리하는 방법 그리고 데이터 형태 등은 파일 처리 프로그램 부분에서 다루어질 부분이지만, 문서 편집을 다루는 프로그램에서도 기본적인 파일 생성(New), 열기(Open), 닫기(Close), 저장(Save) 등이 필요하다. 그런데, 지금 우리는 프레임워크를 만들고 있어 아직 구체적인 파일의 저장 방식이나 처리방법을 알 수 없다. 더 나아가 파일 저장 방식이나 처리방식은 미래에 이 프레임워크를 이용하여 코드를 작성할 개발자가 마음대로 정할 수 있게 하여야 한다.

다시 한번 정리해 보면, 문서 편집 프로그램을 작성할 수 있는 프레임워크를 만들 때 이 프레임워크는 문서 편집을 위한 프로그램 부분과 문서 파일 처리를 위한 프로그램 부분으로 나누어 생각할 수 있다. 문서 편집을 위한 프로그램 부분에서는 구체적인 문서 파일 처리 방식을 알아야 할 필요없이 단지 문서 파일을 생성(New), 열기(Open), 닫기(Close), 저장(Save) 등 추상적 처리 방식만으로 프레임워크를 만들도록 한다. 문서 파일 처리를 위한 프로그램 부분에서는 아직 구체적인 파일 형식과 처리방식을 알 수 없음에도 불구하고, 문서 편집 프로그램 부분에서 필요로 하는 생성(New), 열기(Open), 닫기(Close), 저장(Save) 등을 제공하여야 하여야 한다. 즉 아직 정의되지 않은 객체를 사용할 수 있는 메서드를 제공하여야 한다.

이 문제를 위하여 먼저 'Document'라는 문서 파일 처리객체를 생각해 보자. 구체적인 객체가 어떻게 만들어질지는 아직 알 수 없으므로 추상객체(또는 인터페이스)로 만들어야 한다. 또한 문서 편집 프로그램 부분에서 필요로 하는 생성(New), 열기(Open), 닫기(Close), 저장(Save) 등의 제공을 위해 추상 메서드를 제공하여 나중에 개발자가 이 프레임워크를 이용하여 개발할 때, 'Document' 객체로부터 상속을 받을 때 생성(New), 열기(Open), 닫기(Close), 저장(Save) 등을 꼭 만들도록 강요할 수 있다. 문서 편집을 위한 프로그램을 위해 'Application'이라는 객체를 만들고 여기에 getDocumentInstance()라는 'Document'객체 생성을 책임지는 추상 메서드를 제공하면 구체적인 문서 파일 처리객체 없이 추상 메서드만 사용하여 프레임워크를 완성할 수 있다. 간단한 예를 들어보자 newDocument() 메서드는 'document'의 추상 개념만을 이용하여 작성할 수 있다. 어떤 'Document' 객체가 실제로 생성될지는 몰라도 newDocument()에서는 'Document'객체를 생성하고 그 객체의 open() 메서드만 호출할 수 있으면 구현될 수 있다. (구현 일부를 메모로 보여주고 있다. 여기에 실제 코드가 진행되고 있음을 유의하라, 아직 구체적인 'Document'가 구현되지 않았지만 이렇게 코드를 진행할 수 있다.) [그림 3-1]의 메모는 newDocument() 메서드 바디의 일부분을 보여준다.

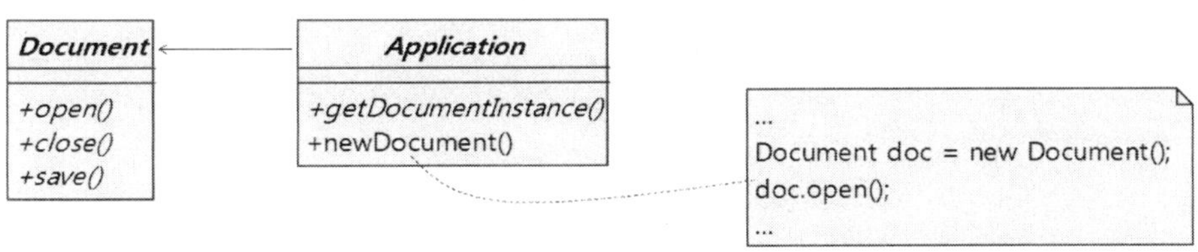

그림 3-1 문서 편집 프레임워크의 일부

이제 [그림 3-1]에서 만들어진 프레임워크를 이용하여 개발자가 프로그램을 개발할 때는 [그림 3-2] 같이 'Document'와 'Application'을 상속받아 개발자가 원하는 'Document'를 정의하면 된다. 'myApplication'의 getDocumentInstance()메서드에서 'myDocument' 객체를 생성해 주는 코드가 작성되었다. 앞 [그림 3-1]에서 작성한 newDocument()코드는 'myDocument'나 'myApplication'객체가 정의되기 이전에 작성하였지만 이제는 [그림 3-2]에서 'myDocument'와 'myApplication'의 구현 코드를 이용하여 작동하게 된다.

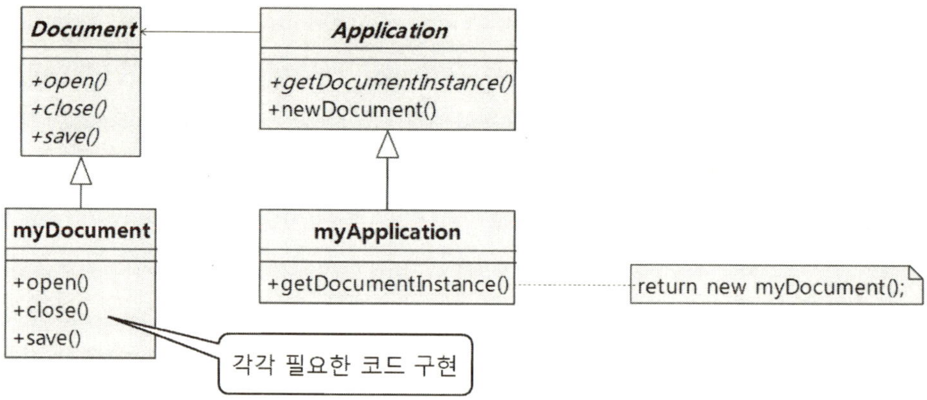

그림 3-2 문서 편집 프레임워크를 이용하는 예

Factory Method Pattern는 이렇게 특수한 상황을 위한 패턴이다. 점점 더 많은 프레임워크를 만들어 사용하는 요즘 추세에는 꼭 필요한 패턴이라 하겠다.

Pattern Card Factory Method Pattern

목적

객체 생성 인터페이스를 제공하여 주면서, 실제 생성할 객체는 서브클래스에서 결정하도록 한다.

적용상황

한 객체가 다른 객체의 인스턴스(Instance)를 생성하여 사용해야 하지만 그 객체가 구체적으로 어떤 것인지 모르는 상태에서 접근 가능해야 하며 어떤 구체적인 객체를 생성할 것인가는 상속된 서브클래스가 결정하여야 한다.

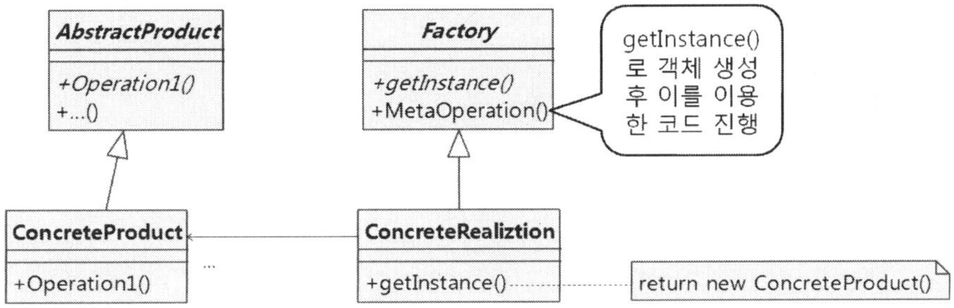

그림 3-3 Factory Method Pattern

Workshop

Step 1 whoAmI()라는 메서드 원형을 가지는 FlowerSeed라는 Interface를 정의 하라.

Step 2 Garden이라는 추상객체를 만들고 FlowerSeed getSeed()라는 추상 인터페이스를 정의한 후 plantSeed()라는 메서드를 만들어 이 메서드에서 getSeed()를 사용하여 FlowerSeed개체를 생성하고 이 객체의 whoAmI()를 호출하라. (여기까지가 프레임워크 제공)

Step 3 이제 FlowerSeed와 Graden을 상속받아 Rose와 TheGarden 객체를 만들어라. Rose의 whoAmI()는 "Rose"라는 문자열을 반환한다. 또한 TheGarden의getSeed()는 Rose객체를 생성하여 반환한다.
TheGarden에 main()메서드를 만들고 TheGarden 객체를 생생한 후 plantSeed()를 호출하여 어떤 꽃이 피었는지 확인하라.

Step 4 MyGarden 객체를 Garden을 상속받아 만들고 Step 3의 Rose가 정의되기 전에 plantSeed()가 구현될 수 있었던 것을 유의하며 살펴 자기가 원하는 꽃을 만들어 MyGarden에 심어 보자. Step 2에서는 지금 어떤 FlowerSeed객체가 만들어질지 알 수 없었다.

연습문제

1. 라이브러리(library), 프레임워크(Framework), 패턴(Pattern)의 차이점을 간단하게 설명하시오.

2. 팩토리 메서드 패턴은 객체 생성 인터페이스를 제공하여 주면서, 실제 생성할 객체는 (　　)에서 결정하도록 한다.

3. 팩토리 메서드 패턴은 아직 정의되지 않은 객체를 사용할 수 있는 객체를 (　　　)로 만들어야 한다.

4. 팩토리 메서드 패턴은 특정 객체를 사용하는 일반 객체들이 객체의 변화에 (　　)으로 행동할 수 있도록 만들어준다.

5. 팩토리 메서드와 추상 팩토리 패턴은 객체의 생성을 담당한다. 이 때, 팩토리 메서드와 추상 팩토리 패턴의 객체 생성 방법의 차이점을 설명하시오.

Workshop Answer

```
Step 1:
interface FlowerSeed {
   public String whoAmI();
}

Step 2:
abstract class Garden {
   abstract FlowerSeed getSeed();
   void plantSeed() {
      System.out.println(getSeed().whoAmI())
   }
}

Step 3:
class Rose implements FlowerSeed {
   public String whoAmI() {
      return "Rose";
   }
}

class TheGarden extends Garden {
   FlowerSeed getSeed() {
      return new Rose();
   }
   public static void main(String[] args) {
      Garden thisGarden = new TheGarden();
      thisGarden.plantSeed();
      }
 }
```

```
Step 4:
(*주*) 여기서는 내가 원하는 꽃이 해바라기라고 가정한다.

class SunFlower implements FlowerSeed {
   public String whoAmI() {
      return "Sun flower";
   }
}

class MyGarden extends Garden {
   FlowerSeed getSeed() {
      return new SunFlower();
   }
   public static void main(String[] args) {
      Garden thisGarden = new MyGarden();
      thisGarden.plantSeed();
 }
}
```

생성패턴 – 생성자의 한계를 극복

04 Singleton Pattern

다음으로 다룰 생성패턴은 객체의 인스턴스를 하나만 만들어 유지하면서 이 객체 인스턴스에 대한 접근을 하나로 통일시켜주는 Singleton Pattern이다. 이 패턴이 왜 필요한지는 비교적 쉽게 이해할 수 있다. 어떤 소프트웨어를 인스톨하는 프로그램을 생각해 보자. 인스톨을 시작하는 객체를 만들었을 때 한 컴퓨터에서 여러 개의 인스톨 객체가 만들어지면, 인스톨 과정은 엉망이 되고 말 것이다. 따라서 한 개의 인스톨 객체만이 만들어지게 프로그램할 필요가 있다. 이럴 때 사용되는 패턴이 바로 Singleton Pattern이다. 대부분의 드라이버 객체가 Singleton Pattern으로 만들어지는데 드라이버 객체는 특정 하드웨어를 제어하는 객체라서 하나의 하드웨어를 제어하는 객체가 여러 개라면 안정적 서비스를 제공할 수 없기 때문이다. 그 밖에 전역변수로 사용해야 했던 여러 경우가 Singleton Pattern을 적용하면 좋은 결과를 얻을 수 있다.

이와 같이 객체의 인스턴스 개수를 제어하려면 객체지향언어에서 제공하는 생성자(Constructor)를 그대로 이용해서는 목적을 달성할 수 없다. 따라서 객체 생성을 제어하는 형태로 마련되어야 한다. 즉 새로운 생성패턴이 필요한 것이다. 다른 생성패턴과 달리 Singleton Pattern은 기본 제공되는 생성자를 그대로 놔두어서는 인스턴스 개수를 통제할 수 없다. 따라서 생성자를 다른 객체에서 사용할 수 없게 만드는 것부터 시작하여야 한다.

코드 4-1 Public Constructor

```
public class What {
        What() {
                System.out.println("What is ready!");
        }
        public void doThis() {
                System.out.println("Ok!");
        }
        public static void main(String[] args) {
                What doWhat = new What();
                doWhat.doThis();
        }
}
```

위 코드에서 생성자를 private로 선언하면 코드 진행에는 아무런 영향을 미치지 않는다.

코드 4-2 Private Constructor

```
public class What {
        private What() {
                System.out.println("What is ready!");
        }
        public void doThis() {
                System.out.println("Ok!");
        }
        public static void main(String[] args) {
                What doWhat = new What();
                doWhat.doThis();
        }
}
```

그러나 이렇게 생성자를 private로 변환한 후에는 다른 객체에서 생성자를 호출하여 객체를 생성할 수 없게 된다.

코드 4-3 Sending Message to The Private Constructor

```
1  public class What {
2          private What() {
3                  System.out.println("What is ready!");
4          }
5          public void doThis() {
6                  System.out.println("Ok!");
7          }
8  }

9  public class Main {
10         public static void main(String[] args) {
11                 What doWhat = new What(); //호출 불가
12                 doWhat.doThis();
13         }
14 }
```

위 [코드 4-3]를 수행해보면 줄 1에서 "private access" 오류가 발생한다. 즉 다른 객체에서는 생성자를 사용할 수 없고 자기 객체 안에 있는 다른 메서드에서는 사용이 가능하다. 이제 생성자를 대신하는 getInstance()라는 메서드를 만들어 보자. 여기서 기억해야 할 점은 getInstance()가 생성자를 대신할 메서드이므로 객체가 생성되지 않아도 호출이 가능한 'static method'가 되어야 한다는 것이다.

코드 4-4 Constructor를 대신할 수 있는 메서드 생성

```
public class What {
        private What() {
                System.out.println("What is ready!");
        }
        public void doThis() {
                System.out.println("Ok!");
        }
        public static What getInstance() {
                return new What();
```

```
        }
}

public class Main {
        public static void main(String[] args) {
                What doWhat = What.getInstance();
                doWhat.doThis();
        }
}
```

이제 기본 생성자를 대신할 getInstance()라는 메서드를 만들었다. Singleton Pattern은 여기에 객체 인스턴스의 개수가 1개로 유지되는 로직만 넣으면 된다. 로직은 생각보다 간단하다. 유일한 객체 인스턴스를 위한 'class attribute'를 만들고 그 값이 초기값이면 새로 생성을 하고 초기값이 아니라면 이미 생성되어 있는 것이니 이미 생성되어 있는 객체를 돌려주면 된다. 코드로 만들면 아래와 같다.

코드 4-5 유일한 Instance

```
public class What {
  private static What onlyWhat;
  private What() {
System.out.println("What is ready!");
  }
  public void doThis() {
    System.out.println("Ok!");
  }
  public static What getInstance() {
    if(onlyWhat == null) onlyWhat = new What();
    return onlyWhat;
  }
}
```

이제 'What'이라는 객체는 getInstance() 메서드를 통해서 만들어지며 getInstance() 메서드에는 유일한 한 개의 객체 인스턴스가 생성되는 메커니즘(mechanism)을 넣었다. 실제로 이 코드는 잘 작동할 것이다. 단지 이 코드의 작동은 Single tasking 환경에서만 작동한다는 문제를 가지고 있다. 위 코드에서

getInstance() 메서드안에 if 문장은 'onlyWhat' 이 null인지 검사하는 부분과 그 결과에 따라 객체를 생성하는 부분으로 나뉜다. 문제는 두 개 부분이 동시에 실행되어야 객체 인스턴스가 한 개만 생성된다는 것이 보장되는데, multi-tasking또는 multi-threading 환경에서는 보장되지 않는다는 것이다. 이 문제를 해결하는 가장 간단한 방법은 자바에서 제공하는 'Synchronized'를 이용하여 동기화를 보장받는 것이다.

코드 4-6 synchronized를 이용한 유일한 Instance

```
1  public class What {
2     private static What onlyWhat;
3     private What() {
4        System.out.println("What is ready!");
5     }
6     public void doThis() {
7        System.out.println("Ok!");
8     }
9     public synchronized static What getInstance() {
10       if(onlyWhat == null) onlyWhat = new What();
11       return onlyWhat;
12    }
13 }
```

그러나 이 방식은 매우 비싼 대가를 치러야 한다. 'Synchronized'로 묶인 코드는 동기화를 위해 다른 방해 없이 한번에 그 코드 블록이 수행되어야 한다는 것을 의미한다. 여기서는 줄 9~12까지 getInstance()가 하나의 블록으로 만들어져 있으므로, getInstance() 메서드가 수행을 마칠 수 있는 시간을 할당 받을 때까지 시스템자원을 대기하여야 한다. 만일 객체 생성요구가 매우 빈번하다고 하면 이것은 상당한 문제로 변할 수 있다.

현재 알려져 있는 이것의 개선책으로 double-checked locking mechanism이 있다. 이것의 기본 아이디어는 실제 동기화 되어야 할 부분은 줄 10의 if와 객체 생성자 호출 부분이므로 여기에만 synchronized를 붙이고자 하는 것이다. 일단 'onlyWhat'객체가 생성되어 있다고 가정해 보자. 'onlyWhat'객체가 생성되어있으면 더 이상 동기화 문제는 생기지 않으므로 필요도 없다. 따라서 단순히 'onlyWhat'이 생성되어 있는지 확인하고 생성되어 있지 않다면 synchronized를 적용하여 객체 생성 부분을 동기화하는 방법이다.

코드 4-7 Double-checked locking mechanism

```
public class What {
   private static What onlyWhat;
   private What() {
      System.out.println("What is ready!");
   }
   public void doThis() {
      System.out.println("Ok!");
   }
   public static What getInstance() {
      if(onlyWhat == null) {
         synchronized(What.class) {
            if(onlyWhat == null) onlyWhat = new What();
         }
      }
      return onlyWhat;
   }
}
```

이 double-checked locking mechanism은 단순하지만 매우 효율적인데, getInstance()가 수백 번 호출되어도 실제로 동기화가 보장되어야 하는 상황은 객체가 생성되는 바로 그때에만 이므로 synchronized 코드가 작동하는 상황은 아주 짧은 순간이다.

[주: CWE-609: Double-Checked Locking 의 대안으로 JAVA 1.5 이상에서 volatile을 사용하는 것을 제시하고 있으나, 간혹 volatile과 같은 시스템 의존적 기능이 구현되어 있지 않은 경우는 완전하다고는 할 수 없어도 여전히 Double-checked locking mechanism이 유용한 해결책이다. 이 문제에 관해서는 Double-Checked Locking의 out-of-order write에 관한 토론을 찾아보기 바란다.]

Pattern Card Singleton Pattern

목적

객체의 인스턴스를 한 개만 만들지만, 별도의 고려 없이 일반적으로 사용해도 이 유일한 객체를 사용하게 해준다.

적용상황

여러 Client가 동일 객체를 사용해야만 하는 상황이면서 유일하게 하나의 객체가 있음을 보장할 상위객체가 따로 존재하지 않을 때 Singleton Pattern을 적용하여야 한다. 프린터 드라이버와 같이 여러 개의 객체가 존재하면 문제를 일으킬 수 있는 경우 꼭 필요하다. (멀티 프로세스/프로세서 환경 고려 필요)

Workshop

Step 1 inc1(), inc1(), inc3()라는 세개의 메서드를 가지는 Counter라는 개체를 만들어라. Counter 객체는 내부count라는 상태를 가지고 inc1(), inc1(), inc3()은 각각 내부 상태 count를1, 2, 3 증가시키는 메서드이다. Counter객체의 내부 상태는 0에서 시작한다.

Step 2 Counter객체를 attribute로 가지는 Jump1, Jump2, Jump3라는 객체를 만들어라. 각 객체는 jumpUp()이라는 메서드를 가지며 jumpUp()이 호출 될 때마다 Jump1은 1씩 증가하는 Counter객체의 inc1()을 호출하고 그 결과를 출력하는 객체이고, Jump2는 2씩 증가하는 Counter객체의 inc2()을 호출하고 그 결과를 출력하는 객체이다, 마지막으로 Jump3은 jumpUp이 호출 될 때마다 3씩 증가하는 Counter객체의 inc3()을 호출하고 그 결과를 출력하는 객체이다.

Step 3 다음 main() 메서드를 수행하여 그 결과를 살펴 본다.

```
public static void main(String[] args) {
Jump1 hop = new Jump1();
Jump2 hophop = new Jump2();
Jump3 hophophop = new Jump3();
hop.jumpUp();
hophop.jumpUp();
hophophop.jumpUp();
hophop.jumpUp();
hop.jumpUp();
}
```

Step 4 Step 1의 Counter 객체에 Singleton Pattern을 적용한 후, Step 3를 다시 수행하라. 어떤 문제점이 나타나는가? 문제점을 해결하라.

Step 5 Step 4의 문제점을 해결하고 다시Step 3를 수행하라.

연습문제

1. Singleton Pattern이 필요한 이유는 무엇인가?

2. [코드 4-3]에서 생성자를 private으로 선언하였다. 이렇게 선언한 이유와 이로 인해서 [코드 4-3]에서 발생할 수 있는 문제점은 무엇인가?

3. [코드4-5] 에서 발생될 수 있는 문제점은 무엇인가?

4. Singleton Pattern은 여러 Client가 (   )를 사용해야하는 상황이면서 (   ) 하나의 (   )가 있음을 보장할 (   )가 따로 존재 하지 않을 때 적용하는 패턴이다.

5. Singleton Pattern에서는 생성자를 대신하는 getInstance()라는 메서드를 만든다. 이 메서드는 생성자를 대신하는 메서드이므로 객체가 생성되지 않아도 호출이 가능한 (   )가 되어야 한다.

6. Singleton Pattern에서는 어떤 경우에 Synchronized가 쓰이는가?

7. Synchronized 사용의 단점과 이를 보완하기 위한 방법은 무엇인가?

8. Singleton Pattern에서 Synchronized만을 사용하였을 때와 Double Check Locking을 사용하였을 때의 차이점을 설명 하시오.

9. [코드4-3]에서 getInstance()의 경우에는 static함수로 선언 하였다. static함수로 선언한 이유를 설명 하시오.

10. 새로운 Class Unique를 정의 하려고 한다. 이를 Singleton Pattern을 사용하여 구현하라. (Unique Class는 객체생성요구가 빈번하게 일어나고,Multi-Thread 환경에서 작동된다.)

Workshop Answer

Step 1:

```
class Counter {
   private int count = 0;

   public int inc1() {
      count++;
      return count;
   }
   public int inc2() {
      count += 2;
      return count;
   }
   public int inc3() {
      count += 3;
      return count;
   }
}
```

Step 2:

```
class Jump1 {
   private Counter myCount = new Counter();
   void jumpUp() {
      System.out.println(myCount.inc1());
   }
}

class Jump2 {
   private Counter myCount = new Counter();
   void jumpUp() {
      System.out.println(myCount.inc2());
   }
}
```

```
class Jump3 {
   private Counter myCount = new Counter();
   void jumpUp() {
      System.out.println(myCount.inc3());
   }
}
```

Step 3:

```
1
2
3
4
2
```

Step 4:

```
class Counter {
   private static Counter onlyCounter;
   private int count = 0;
   private Counter() {
   }
   public static Counter getInstance() {
if(onlyCounter == null) {
         synchronized(Counter.class) {
            if(onlyCounter == null) onlyCounter = new Counter();
         }
      }
      return onlyCounter
   }

   public int inc1() {
      count++;
      return count;
   }
   public int inc2() {
      count += 2;
      return count;
   }
   public int inc3() {
```

```
      count += 3;
      return count;
   }
}

class Jump1 {
   private Counter myCount = Counter.getInstance();
   void jumpUp() {
      System.out.println(myCount.inc1());
   }
}

class Jump2 {
private Counter myCount = Counter.getInstance();
   void jumpUp() {
      System.out.println(myCount.inc2());
   }
}

class Jump3 {
private Counter myCount = Counter.getInstance();
   void jumpUp() {
      System.out.println(myCount.inc3());
   }
}

Step 5:
1
3
6
8
9
```

생성패턴 – 생성자의 한계를 극복

05 Prototype Pattern

객체를 생성할 때 완전히 초기화 된 객체에 특정 설정 값을 가지게 하거나 미리 준비된 값들을 설정하게 하기 위해서 생성자(constructor)에서 특정 값 설정을 위한 코드를 작성한다. 하지만 특정 설정값이 프로그램 진행을 하면서 만들어 진다면 이것을 어떻게 반영할 수 있을까? 더 나아가 특정 객체의 인스턴스를 사용하다가 그 인스턴스의 설정값을 가지는 객체를 필요로 한다면 객체를 만들 때 단순히 생성자 호출로 해결될 수 없고 객체 생성 후에 모델이 되는 특정 객체가 가지는 여러 Attribute(상태) 값을 설정하는 별도의 작업을 수행하여야 한다. 좀 더 단순하게 말하면 사용하던 특정 개체의 사본을 만들어야 한다. 하지만 이 작업은 좀 더 복잡할 수도 있다. 소위 말하는 "Deep copy"가 필요한 경우라면 더욱 그렇다. Prototype Pattern은 이렇게 프로그램 수행 중간에 동적으로 설정되는 특정 설정 값을 생성 될 때부터 가지도록 도움을 주는 패턴이다. (사실 패턴이라고 부르기에는 좀 약한 감이 있다.) 현실적인 구현은 현재 사용 중인 객체 인스턴스의 복사형태로 구현된다. 특히 자바에서는 객체의 최고 조상 격이 되는 'Object'객체에 "clone()"이라는 메서드가 다음과 같이 정의되어 있다.

```
protected Object clone() throws CloneNotSupportException;
```

따라서 자바에서는 별도의 Prototype Pattern을 구현하지 않고 미리 정의되어 있는 'Cloneable'이라는 인터페이스를 상속받아 "clone()"을 사용한다. 이것의 사용하는 방법은 매우 단순하다. 이해를 돕기 위해 예를 들어 설명해 보겠다.

코드 5-1 Java의 Cloneable

```
1  class PrototypeProduct implements Cloneable {
2  private int internalState;
3  private float currentValue;
4  public PrototypeProduct() {
5  this.internalState = 1;
6  this.currentValue = 10;
7  }
8  public void changeState() {
9  this.internalState++;
10 }
11 public void setValue(float value) {
12 this.currentValue = value;
13 }
14 public void printSetting() {
15 System.out.printf("State %d, Value %f %n",
   this.internalState, this.currentValue);
16 }
17 public Object clone() throws CloneNotSupportedException {
   return super.clone();
18 }
19 }
20
```

[코드 5-1]은 'Cloneable'을 구현하고 있다. 줄 2~16까지는 일반적으로 객체를 구현한 것이고 줄 17~19이 바로 "clone()"을 구현한 것인데, return type이 "Object"임을 유의해서 보아야 한다. 따라서 실제 복사본을 만들 때는 Type casting을 해 주어야 한다. "clone()" 메서드를 호출하여 사본을 생성하면 메서드 호출 시까지의 모든 변화가 반영된 사본을 만들어 준다. 줄 4~7의 생성자를 보면 생성자에서 특정 설정값으로 초기화하는 일반적인 방식을 볼 수 있다. 이 방식은 동적인 객체 상태의 변화를 반영한 객체 생성에는 이용될 수 없다. 여기서는 두 개의 'attribute', 'internalState'와 'currentValue'를 각각 1과 10으로 설정하여 준다.

코드 5-2 Cloneable을 사용한 Prototype 적용 예

```
1  public class CloneExample {
2  public static void main(String[] args) {
3  PrototypeProduct original = new PrototypeProduct();
4  original.changeState();
5  original.setValue(15);
6  try {
7  PrototypeProduct copy1 =
   (PrototypeProduct)original.clone();
8  copy1.changeState();
9  copy1.setValue(5);
10 PrototypeProduct copy2 =
   (PrototypeProduct)original.clone();
11 copy2.setValue(50);
12 original.printSetting();
13 copy1.printSetting();
14 copy2.printSetting();
15 }catch(CloneNotSupportedException e) {
16 e.printStackTrace();
17 }
18 }
19 }
```

[코드 5-2]의 줄 7과 줄 10에서 'original' 객체를 Prototype으로 하여 'copy1'과 'copy2'를 만들었다. 여기서 앞에서 언급한 Type-casting을 하여야 한다. 앞 [코드 5-1]에서 이미 언급한 것처럼 일반적인 생성자 호출에 의한 객체 생성은 두 개의 attribute, internalState와 currentValue를 각각 1과 10으로 설정한다. 하지만 [코드 5-2]의 줄 3에서 생성된 'original' 객체는 줄 4, 5에서 상태 변화가 일어나 internalState는 2로 currentValue는 15로 바뀌어 있다. 우리가 원하는 것은 바로 이 상태를 가지는 객체를 Prototype Pattern으로 하여 새로운 객체를 생성하는 것이다. 'copy1'은 줄 7에서 생성되어 줄 8, 9에서 상태변환을 한다. 예측대로라면 internalState는 2를 currentValue는 15를 가진 상태로 생성될 것이므로 줄 8, 9을 거치면서 internalState는 3이 currentValue는 5가 될 것이다. 줄 10에서는 다시 internalState는 2를 currentValue는 15를 가진 'copy2'객체가 생성될 것이며 줄 11에서 internalState는 2, currentValue는 50로 변화 될 것이다. 다음은 실제 이 코드를 동작시켜 얻은 결과이다.

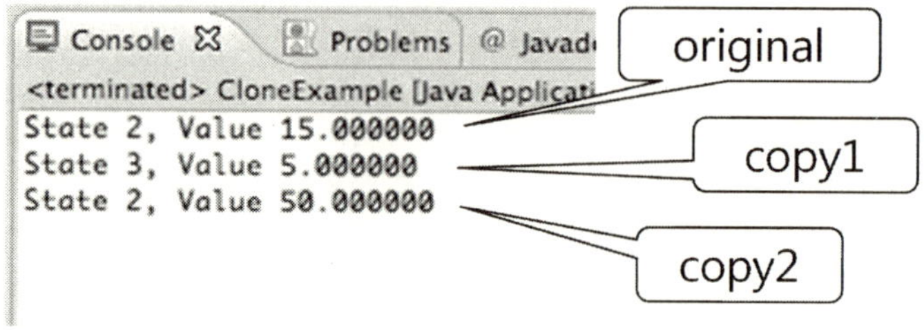

그림 5-1 실행결과

이제 Prototype Pattern을 Java에 정의 되어있는 'Cloneable'을 사용하지 않고 독자적으로 만들려면 어떻게 하는지 알아보기로 하자. 매우 간단한 방법으로 구현이 가능하다. 먼저 Prototype Interface를 정의하고 이를 상속받아 'clone()' 메서드에서 자신의 사본을 만들도록 정의하면 된다. 위 [코드 5-1]과 [코드 5-2]에서 이용된 예제를 다시 사용하겠다.

코드 5-3 Prototype Interface

```
interface Prototype {
public Prototype clone()
}
```

[코드 5-3]처럼 Prototype Interface를 정의한다. 다음은 실제 사용될 객체를 정의한다.

코드 5-4 Prototype 객체 선언

```
class PrototypeProduct implements Prototype {
private int internalState;
private float currentValue;
public PrototypeProduct() {
PrototypeProduct(1, 10);
}
private PrototypeProduct(int state, float value) {
this.internalState = state;
this.currentValue = value;
}
```

```
   ……    // 중략 [코드 5-1]  줄 8~16과 동일
11 public Prototype clone() {
12   Prototype selfCopy = new
   PrototypeProduct(this.internalState, this.currentValue);
13 return selfCopy;
14 }
15 }
```

[코드 5-4]의 줄 7~10은 자신의 사본을 쉽게 만들기 위한 생성자 정의 방법을 보여준다. 필요한 모든 Attributes의 값을 지정할 수 있도록 하여 줄 11~14의 'clone()' 메서드를 간편하게 작성할 수 있게 하였다. [코드 5-5]는 Prototype 객체를 직접 이용하는 코드이다.

코드 5-5 Prototype의 활용

```
public class PrototypeExample {
public static void main(String[] args) {
Prototype original = new PrototypeProduct();
original.changeState();
original.setValue(15);
Prototype copy1 = (PrototypeProduct)original.clone();
copy1.changeState();
copy1.setValue(5);
Prototype copy2 = (PrototypeProduct)original.clone();
copy2.setValue(50);
original.printSetting();
copy1.printSetting();
copy2.printSetting();
}
}
```

최근 인터프리터(interpreter)기반의 객체지향 프로그래밍 언어들이 많이 활용되면서 Prototype Pattern의 활용이 늘고 있다. 인터프리터 기반의 객체지향 프로그래밍 언어는 컴파일러를 사용할 때와 달리 객체를 정의하는 단계에서부터 메모리가 할당된 객체 인스턴스(instance) 형태로 객체를 정의 한다. 따라서 객체를 정의하고 정의된 객체의 인스턴스를 생성하면 객체 정의 원형을 복사하는 형식을 밟

게 된다. 이로 인해 인터프리터 기반 객체지향 프로그래밍 언어는 기본적으로 Prototype Pattern을 적용한 결과가 된다. 따라서 이 Prototype Pattern을 이용하면 쉽게 인터프리터 기반의 객체지향 프로그래밍 언어로 작성된 코드를 컴파일용으로 변환할 수 있다.

Pattern Card Prototype Pattern

목적

생성될 객체의 기본형을 제공하는 객체 인스턴스를 정해놓고 객체를 생성할 때 객체 생성 후, 기본 인스턴스 상태로 만들어 준다.

적용상황

1. 객체를 생성할 때 갖추어야 할 기본 형태가 있을 때 사용된다. 어떤 객체와 동일한 객체를 생성하여야 하는 상황이 주어지면 Prototype Pattern을 사용한다. 경우에 따라서는 동적으로 원하는 객체 기본형을 지정할 수 있게 할 수 있다.
2. Objective C와 같이 인터프리터 기반의 객체지향언어 프로그램을 컴파일 형으로 변환할 때 사용된다.

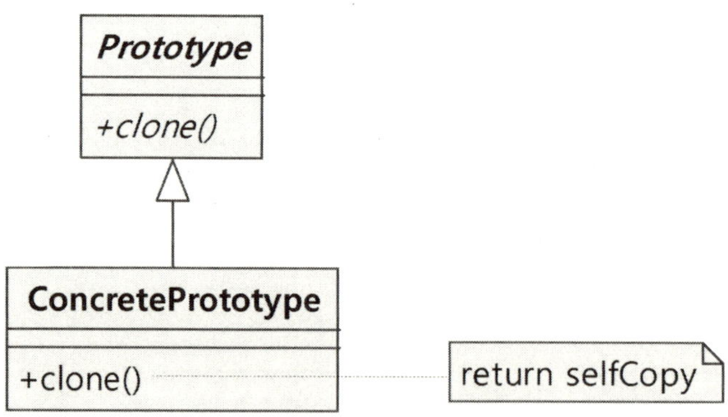

그림 5-2 Prototype Pattern

Workshop

Step 1 Teacher라는 객체를 정의하고 String 타입의 name이라는 attribute를 만들어라. 객체 생성시 Teacher의 name을 설정하도록 생성자를 제공하라 가능한 setter와 getter를 이용하라.

Step 2 Student라는 객체를 만들어라. Student는 담임 선생님 지정을 위해 Teacher 객체를 위한 inCharge라는 연관을 가지며 String 형의 studentID를 가진다. studentID 설정을 위해 setStudentID() 메서드를 가지고 담임 지정을 위한 setTeacher()라는 메서드를 가진다.

Step 3 class1Teacher라는 Teacher객체 인스턴스를 선언하고 "Sam"이라는 이름을 부여하라. 또한 student1, student2, student3라는 Student 객체 인스턴스를 선언하고 인스턴스 이름을 studentID로 만들어라.

```
student1, student2, student3의 담임을 class1Teacher로 지정하라.
```

Step 4 Student 객체에 Prototype Pattern을 적용하라.

Step 5 class2Teacher라는 Teacher객체 인스턴스를 선언하고 "Cool"이라는 이름을 부여하라. 또한 studentA, studentB, studentC라는 Student 객체 인스턴스를 선언하고 인스턴스 이름을 studentID로 만들어라.

```
studentA, studentB, studentC의 담임을 class2Teacher로 지정하라.
```

연습문제

1. Factory Method Pattern과 Prototype Pattern의 관계에 대해 생각해 보고 어떤 관계가 있을지 논하라.

2. (   )은 프로그램 수행 중간에 동적으로 설정되는 특정 설정값을 생성 될 때부터 가지도록 도움을 주는 패턴이다. 현실적인 구현은 현재 사용 중인 (   )의 (   )형태로 구현된다.

3. Java를 사용할 때 Prototype Pattern을 만들 수 있는 두 가지 방법에 대해 설명하시오.

4. Prototype pattern 사용하였을 때 생기는 장점을 설명하시오.

5. Abstract Factory Pattern 과 Prototype Pattern에서 객체 생성방법을 비교 하시오.

6. Prototype Pattern은 생성하고자 하는 객체들에 (   )를 포함케 한다. 그리고 (   )를 통해 데이터나 객체를 입력하면 원하는 객체로 (   )하거나 원하는 작업을 처리 할 수 있다.

7. Prototype Pattern은 프로그램 수행 중간에 (   )설정되는 특정 설정값을 (   ) 때부터 가지도록 도움을 주는 패턴이다. 현실적 구현은 현재 사용 중인 (   )의 (   )로 구현된다.

8. Clone 인터페이스를 구현하고 있는 클래스와 그렇지 않은 클래스에서 인스턴스는 어떤 상황이 발생하는가?

9. Cloneable을 구현해야하는 클래스는 복사대상이 되는 클래스와 상위 클래스에서, 또는 Cloneable 인터페이스의 하위 인터페이스를 구현해도 상관이 없다. [코드 5-1, 코드 5-2]의 하위 인터페이스를 하나 만들고 거기에 Cloneable을 구현해라.

10. [코드5-4]에 copynumber라는 정수형 변수를 선언하고 몇 번째 사본인지 확인 할 수 있는 메서드를 작성하시오.

Workshop Answer

```
Step 1:
class Teacher {
   private String name;

   Teacher() {
   }
      Teacher(String name) {
      setName(name);
   }
   public String getName() {
      return name;
   }
   public void setName(String name) {
      this.name = name;
   }
}

Step 2:
class Student {
   private String studentID;
   private Teacher inCharge;

   public String getStudentID() {
      return studentID;
   }
   public void setStudentID(String studentID) {
      this.studentID = studentID;
   }
   public Teacher getInCharge() {
      return inCharge;
   }
```

```
   public void setInCharge(Teacher inCharge) {
      this.inCharge = inCharge;
   }
}

Step 3:
   public static void main(String[] args) {
      Teacher class1Teacher = new Teacher("Sam");
      Student student1 = new Student();
      student1.setStudentID("student1");
      student1.setInCharge(class1Teacher);
      Student student2 = new Student();
      student2.setStudentID("student2");
      student2.setInCharge(class1Teacher);
      Student student3 = new Student();
      student3.setStudentID("student3");
      student3.setInCharge(class1Teacher);
   }

Step 4:
interface Prototype {
public Prototype clone()
}

class Student implements Prototype {
   private String studentID;
   private Teacher inCharge;

   Student() {
   }
   Student(String sID) {
      setStudentID(sID);
   }
   public String getStudentID() {
      return studentID;
   }
   public void setStudentID(String studentID) {
      this.studentID = studentID;
   }
```

```
  public Teacher getInCharge() {
     return inCharge;
  }
  public void setInCharge(Teacher inCharge) {
     this.inCharge = inCharge;
  }
  public Prototype clone() {
     Student target = new Student();
     target.setStudentID(this.studentID);
     target.setInCharge(this.inCharge);
     return target;
  }
}
```

Step 5:

```
public static void main(String[] args) {
     Teacher class2Teacher = new Teacher("Cool");
     Student studentA = new Student();
     studentA.setStudentID("studentA");
     studentA.setInCharge(class1Teacher);
     Student studentB = studentA.clone();
     studentB.setStudentID("studentB");
     Student studentC = studentB.clone();
     studentC.setStudentID("studentC");
}
```

생성 패턴 요약 카드

Pattern Card Abstract Factory Pattern

목적

확실한 객체 클래스가 정해지지 않은 상태에서 객체 또는 여러 관련 객체를 생성하는 인터페이스를 제공한다.

적용상황

여러 형태의 다른 구현 객체들이 있고, 어떤 객체가 생성되어야 할지를 결정하는 변수들이 여기 저기에 나타날 때 미리 정의된 조합이나 객체를 제공해야 할 때 사용된다.

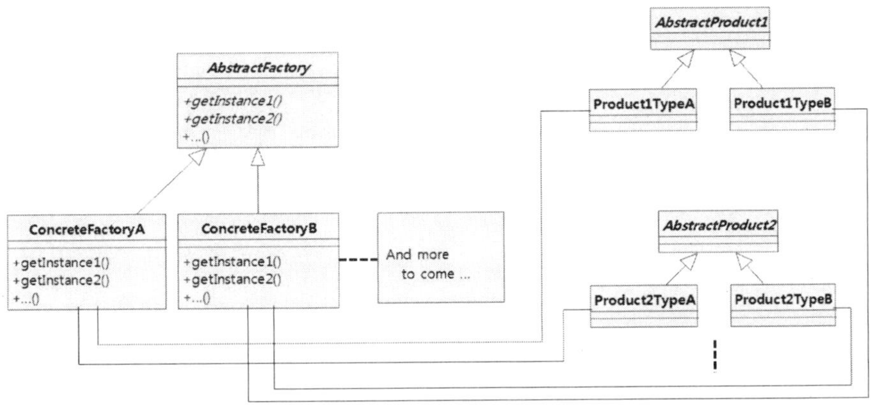

Pattern Card Factory Method Pattern

목적

객체 생성 인터페이스를 제공하여 주면서, 실제 생성할 객체는 서브클래스에서 결정하도록 한다.

적용상황

한 객체가 다른 객체의 인스턴스(Instance)를 생성하여 사용해야 하지만 그 객체가 구체적으로 어떤 것인지 모르는 상태에서 접근 가능해야 하며 어떤 구체적인 객체를 생성할 것인가는 상속된 서브클래스가 결정하여야 한다.

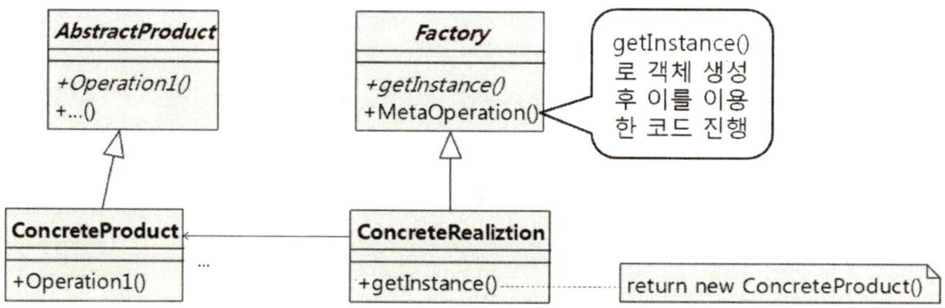

Pattern Card Singleton Pattern

목적

객체의 인스턴스를 한 개만 만들지만, 별도의 고려 없이 일반적으로 사용해도 이 유일한 객체를 사용하게 해준다.

적용상황

여러Client가 동일 객체를 사용해야만 하는 상황이면서 유일하게 하나의 객체가 있음을 보장할 상위객체가 따로 존재하지 않을 때 Singleton Pattern을 적용하여야 한다. 프린터 드라이버와 같이 여러 개의 객체가 존재하면 문제를 일으킬 수 있는 경우 꼭 필요하다. (멀티 프로세스/프로세서 환경 고려 필요)

Pattern Card Prototype Pattern

목적

생성될 객체의 기본형을 제공하는 객체 인스턴스를 정해놓고 객체를 생성할 때 객체 생성 후, 기본 인스턴스 상태로 만들어 준다.

적용상황

1. 객체를 생성할 때 갖추어야 할 기본 형태가 있을 때 사용된다. 어떤 객체와 동일한 객체를 생성하여야 하는 상황이 주어지면 Prototype Pattern을 사용한다. 경우에 따라서는 동적으로 원하는 객체 기본형을 지정할 수 있게 할 수 있다.
2. Objective C와 같이 인터프리터 기반의 객체지향언어 프로그램을 컴파일 형으로 변환할 때 사용된다.

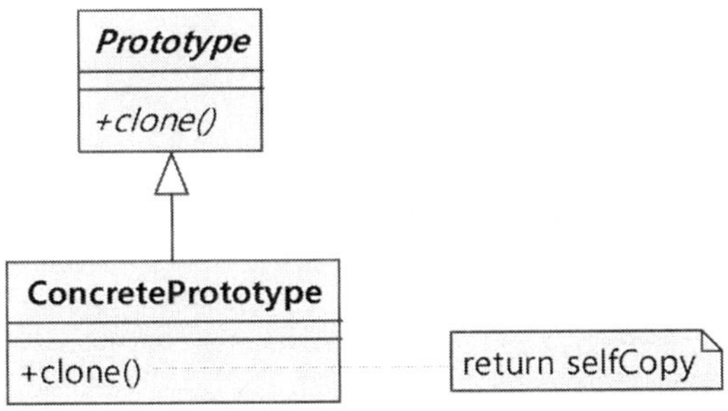

구조패턴 – 더 큰 구조로 확장

06 Adapter Pattern

객체는 단독으로 사용되는 것도 있지만 목적을 위해 여러 개의 객체가 합쳐져서 사용되기도 한다. 특히 객체지향 설계를 할 때 한 개의 객체에 과중한 업무가 부여되는 설계는 "God Class"라는 이름이 붙어 있을 만큼 좋지 않은 설계이다. 따라서 목적에 따라 객체를 적절하게 구조화 하는 것은 매우 중요한 문제이다. 객체지향 언어가 제공하는 상속(inheritance)과 연관(Association)은 객체를 구조화할 수 있게 하여준다.

잠깐 상속에 관해서……

객체지향의 상속을 배울 때 쉽게 개념을 이해시키기 위하여 생물학의 계통도를 예로서 상속을 설명하고는 한다. 하지만 이러한 설명은 후에 객체지향의 상속을 제대로 이해하는 데 큰 걸림돌이 되곤 한다. 객체지향의 상속은 우리가 생물학에서 다루는 상속과는 다르게 생각할 필요가 있다. 생물학에서의 상속은 생물체의 유사성을 이용한 생물 분류를 목적으로 이용하는 개념이지만, 보통 객체지향에서의 상속은 코드의 재사용을 목적으로 한다. 따라서 유사 코드를 공유하고 있다고 해서 상속으로 엮게 되면 오히려 서로 얽히게 되는 부작용만 불러 일으키게 된다. 단순히 유사코드를 가지고 있다는 것 보다는 사용 목적 중심의 유사성이 있을 때 상속을 이용해야 코드의 재사용이 이루어질 가능성이 높아진다. 따라서 상속을 적용할 때 주의가 필요하다. 판단하기가 어렵다면 상속을 적용하기 보다는 일단 연관을 먼저 사용하고 나서 나중에 정확한 판단이 가능할 때 상속을 적용하는 것이 보다 현명한 방법이다.

구조를 위한 패턴 중 가장 먼저 소개하고 싶은 패턴은 바로 Adapter Pattern이다. Adapter Pattern은 매우 단순한 패턴이지만 이해하기도 쉽고 활용성도 높다. Adapter Pattern은 구조를 깔끔하게 정리해 주어 코드의 재사용성을 높여주지만 성능이나 코드의 품질을 개선하여줄 수는 없다. Adapter Pattern의 가치는 legacy 시스템, 즉 기존 코드가 존재하고 이를 다루어야 할 때 그 빛을 바랜다. 대개 기존코드가 존재하는 경우 두 가지 상황이 발생하는데 첫 번째 경우는 기존 코드가 있지만 그 코드를 작성했던 사람이 누구인지 모르거나 알아도 원 작성자가 자신의 코드 내용을 기억하지 못하는 경우이다.

두 번째 경우는 좀 더 골치 아픈 경우로 기존 코드가 오브젝트 코드로만 존재하고 소스코드가 분실된 또는 제공되지 않는 경우이다. 두 경우 모두 현실적으론 코드를 사용하고 있으며 작동하고 있는 코드를 손대는 것은 위험한 일이다. 반면에 시스템 개선이나 추가 개발을 위해서는 기존 코드를 계속 사용하기에는 서로 잘 맞지 않는 부분이 존재하게 된다. 예를 들어, 자바에서 이미 deprecate된 java.util.Date 객체를 기존 코드라 가정하기로 하자. 이 코드는 잘 작동하지만 몇 가지 문제를 가지고 있다. Date객체는 1900년을 기준으로 작성되어 모든 년도를 다룰 때 1900을 보정하여야 한다. 또한 월을 다룰 때도 1월부터 시작하지 않고 0월에서 시작하여 일반적으로 1월을 사용하고 싶으면 Date객체에서는 0월을 이용하여야 한다. [그림 6-1]은 자바 API를 보여준다.

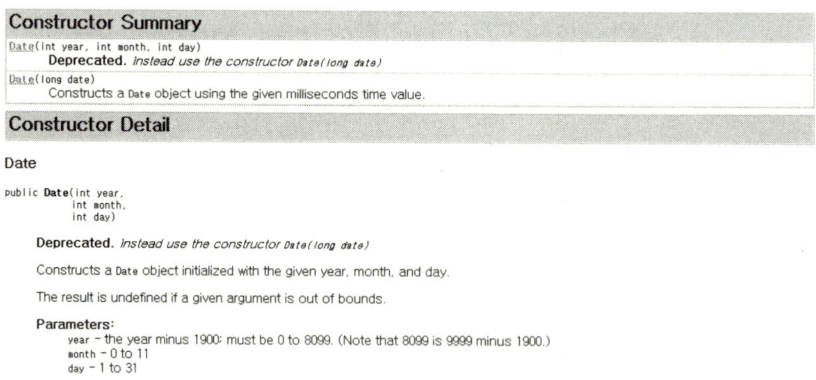

Constructor Summary

Date(int year, int month, int day)
    Deprecated. *instead use the constructor Date(long date)*

Date(long date)
    Constructs a Date object using the given milliseconds time value.

Constructor Detail

Date

```
public Date(int year,
            int month,
            int day)
```

Deprecated. *instead use the constructor Date(long date)*

Constructs a Date object initialized with the given year, month, and day.

The result is undefined if a given argument is out of bounds.

Parameters:
year - the year minus 1900; must be 0 to 8099. (Note that 8099 is 9999 minus 1900.)
month - 0 to 11
day - 1 to 31

그림 6-1 Java Date 객체 API

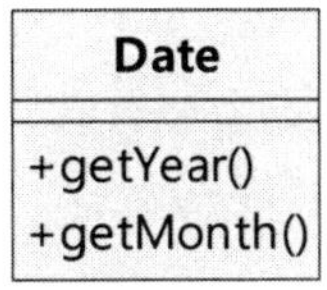

그림 6-2 java.util.Date

[코드 6-1]에서처럼 이 Date객체를 그냥 사용하면 [출력 6-1]에서 볼 수 있듯이, Date 객체의 instance가 출력하는 값과 getYear(), getMonth()가 출력하는 값이 다르게 되어 직관적인 사용이 어려워진다. (이러한 이유로 자바에서도 이 객체를 그대로 사용하는 것을 권장하지 않는다. 이미 Calendar라는 객체를 지원하고 있다.)

코드 6-1 java.util.Date 객체

```
import java.util.Date

public class CodeMain{
  public static void main(String args[]){
Date today = new Date();
    System.out.println("1>" + today);
    System.out.println("2>" + today.getYear());
    System.out.println("3>" + today.getMonth());

Date toDay = new Date(2012,12,21);
System.out.println("4>" + toDay);
    System.out.println("5>" + toDay.getYear());
    System.out.println("6>" + toDay.getMonth());
  }
}
```

[출력 6-1]을 자세히 살펴보면, 줄 1에서 오늘의 날짜 (2012년 12월 31일로 시스템 시계가 설정되어 있다)가 2012년 12월 31일임을 알 수 있다. 그러나 줄 2에서 getYear() 메서드로 년도값을 받아 출력해보면 112가 출력 되는 것을 볼 수 있다. 이는 Date객체가 1900년을 기준으로 만들어져 있어 기인하는 것으로 112에 1900을 더하면 1900 + 112 = 2012가 된다. 또한 줄 3에서 getMonth()는 11이라는 값을

주었는데, 이것 역시 Date객체가 달을 0월부터 세기 때문에 발생한 것으로 보통 사람들이 사용하는 방법으로 표시하기 위해 1을 더해 11 + 1 = 12로 보정하여야 한다. [코드 6-1]의 줄 8처럼 새로운 날짜를 설정하여 객체를 생성하는 경우에는 더욱 더 심각한 문제가 발생한다. 2012년 12월 21일을 설정하려 생성하였지만, 실제로 생성된 날짜는 [출력 6-1], 줄 4에서 볼 수 있듯이 3913년 1월 21일이 된다. 이런 현상은 설정일이 12월이어서 발생한 것으로 Date()객체에서는 11월이 마지막 달이므로 12월은 1해가 더해져서 계산된다. 즉 2012 + 1900 + 1 = 3913년이 되고 12는 0이 되어 1월로 인식하게 된다. 이러한 사실을 주지하지 못하고 여기서 getYear()와 getMonth()로 그냥 년과 월을 뽑으면 [출력 6-1], 줄 5처럼 2013년이라는 엉뚱한 년수와 0월이라는 이상한 달로 인식하게 된다.

출력 6-1

```
1  1>Mon Dec 31 09:25:19 KST 2012
2  2>112
3  3>11
4  4>Tue Jan 21 00:00:00 KST 3913
5  5>2013
6  6>0
```

[코드 6-1]을 정확하게 사용하기 위해서는 [코드 6-2]와 같이 코드를 작성하여야 한다. 즉 getYear()와 getMonth() 메서드를 사용할 때는 각각 +1900과 +1의 보정값을 사용하여 보정해 주어야 하며 Date객체 생성시에도 [코드 6-2], 줄 8처럼 -1900과 -1값을 사용하여 보정해야 한다. [출력 6-2]는 원하는 출력이 만들어졌음을 볼 수 있다.

코드 6-2 java.util.Date 객체의 사용

```
1  import java.util.Date;

2  public class CodeMain {
3     public static void main(String[] args) {
4        Date today = new Date();
5        System.out.println("1>" + today);
```

```
        System.out.println("2>" + (today.getYear() + 1900));
        System.out.println("3>" + (today.getMonth() + 1));

        Date toDay = new Date(2012-1900,12-1,21);
        System.out.println("4>" + toDay);
        System.out.println("5>" + (toDay.getYear() + 1900));
        System.out.println("6>" + (toDay.getMonth() + 1));
    }
}
```

출력 6-2

```
1>Mon Dec 31 09:35:48 KST 2012
2>2012
3>12
4>Fri Dec 21 00:00:00 KST 2012
5>2012
6>12
```

하지만 위와 같이 계속 보정하는 코드를 작성하는 것은 혼란과 불편을 주는 일이다. 이 Date객체 기존 코드를 계속 사용하면서 기존 코드 작성에서처럼 보정하는 불편을 없애기 위해 새로운 객체 'MyDate'를 선언해보자 'MyDate'객체는 기존의 Date객체를 활용하면서 보정하는 불편을 없애주는 것이 목적이다. 이제 시도하려는 방식은 기존 'Date객체'를 참조하는 'oldDate'라는 인스턴스를 만들고 날짜 계산을 위해 'Date'객체의 기존 결과를 보정하는 코드를 작성하여 정상적인 날짜계산을 하는 getYear()와 getMonth() 메서드를 완성하였다. [코드 6-3]은 새로 작성된 MyDate객체를 보여준다.

코드 6-3 개선된 MyDate객체

```
public class MyDate {
    private Date oldDate;

    MyDate() {
        oldDate = new Date();
    }

    MyDate(int year, int month, int day) {
        oldDate = new Date(year - 1900, month - 1, day);
```

```
8      }

9      public int getYear() {
10        return oldDate.getYear() + 1900;
11     }

12     public int getMonth() {
13        return oldDate.getMonth() + 1;
14     }

15     public String toString() {
16        return oldDate.toString();
17     }
18  }
```

이제 [코드 6-3]의 'MyDate'객체를 이용하여 코드를 작성하면 어떤 보정도 없이 코드 진행이 가능하다. [코드 6-3]의 줄 7을 보면 년월일을 지정하여 Date객체를 생성할 때 필요한 보정이 이루어지고 있음을 알 수 있다. 또한 줄 11과 줄 13에서 년과 월 값을 돌려 받을 때 필요한 보정을 하고 있음을 볼 수 있다. [코드 6-4]는 새로 만들어진 'MyDate' 사용 결과를 보여준다.

코드 6-4 MyDate 객체의 사용

```
public class CodeMain {
   public static void main(String[] args) {
      MyDate today = new MyDate();
      System.out.println("1>" + today);
      System.out.println("2>" + today.getYear());
System.out.println("3>" + today.getMonth());

MyDate toDay = new MyDate(2012,12,21);
System.out.println("4>" + toDay);
      System.out.println("5>" + toDay.getYear());
System.out.println("6>" + toDay.getMonth());
}
}
```

출력 6-4

```
1>Mon Dec 31 09:38:48 KST 2012
2>2012
3>12
4>Fri Dec 21 00:00:00 KST 2012
5>2012
6>12
```

이와 같이 다른 객체를 활용하여 내가 원하는 인터페이스, 즉 여기서는 원하는 메서드 형태나 메서드의 이름을 바꿀 수 있도록 구조를 개선하는 것이 바로 Adapter Pattern이다. [코드 6-3]은 Adapter Pattern 중 오브젝트 어댑터(Object Adapter) 패턴을 위한 기본 형태가 된다. 또 다른 방법으로는 상속을 통해 구현하는 방법이다. [코드 6-5]를 살펴 보자

코드 6-5 개선된 OurDate객체

```
import java.util.Date;

public class OurDate extends Date {
OurDate() {
super();
}

OurDate(int year, int month, int day) {
super(year - 1900, month - 1, day);
}

public int getYear() {
return super.getYear() + 1900;
}

public int getMonth() {
return super.getMonth() + 1;
}
}
```

[코드 6-5] 줄 2에서 볼 수 있듯이 OurDate는 'Date'객체를 상속받고 있다. 즉, 'Date'의 모든 메서드를 이용할 수 있다는 것이다. 따라서 여기서는 부모의 모든 자산(Asset)을 이용하기 위해 부모를 지칭하는 "super"를 이용하여 구분하고 있다. 보정을 위한 부분은 [코드 6-3]과 동일하니 다시 설명하지 않겠다. [코드 6-6]은 [코드 6-5]에서 정의 된 'OurDate' 객체의 사용 결과를 보여준다.

코드 6-6 OurDate 객체의 사용

```java
public class CodeMain {
  public static void main(String[] args) {
    OurDate today = new OurDate();
    System.out.println("1>" + today);
    System.out.println("2>" + today.getYear());
System.out.println("3>" + today.getMonth());

OurDate toDay = new OurDate(2012,12,21);
System.out.println("4>" + toDay);
    System.out.println("5>" + toDay.getYear());
System.out.println("6>" + toDay.getMonth());
}
}
```

출력 6-4

```
1>Mon Dec 31 09:42:32 KST 2012
2>2012
3>12
4>Fri Dec 21 00:00:00 KST 2012
5>2012
6>12
```

물론 OurDate에서 getYear()라는 메서드 이름이 원하는 내용과 달라 메서드 이름을 whatYear()로 수정 한다고 해도 문제가 없다는 것을 알 수 있을 것이다. [코드 6-3]과 [코드 6-5]에 정의 된 객체를 클래스 다이어그램으로 표시해보면 다음과 같다. [코드 6-3]의 MyDate는 객체의 인스턴스를 이용하고 있고 [코드 6-5]의 OurDate는 상속을 이용할고 있음을 유의해서 보기 바란다.

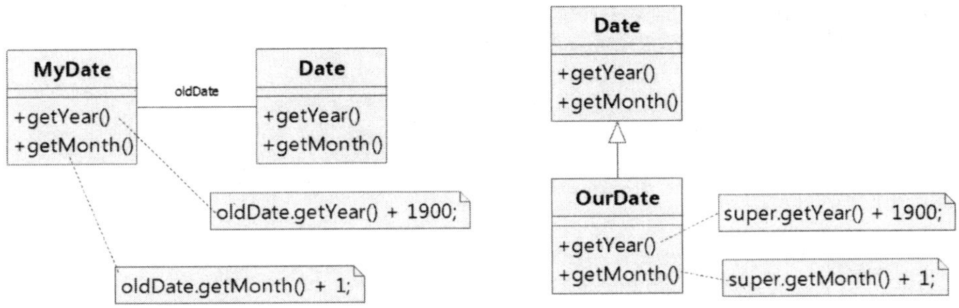

그림 6-3 개선된 Date 객체 MyDate(좌)와 OurDate(우)

이제 완전한 Adapter Pattern 형식으로 정리해 보자. 여기에서 최종 객체가 가져야 할 형태를 먼저 인터페이스로 정의하고 이를 구현하게 하는 단계만 더 추가하면 Adapter Pattern이 된다. [그림 6-3]을 완전한 Adapter Pattern 형식으로 바꾸면 다음과 같이 변한다. 이때 [그림 6-4] 좌측의 객체의 인스턴스를 이용하는 방법을 오브젝트 어댑터라 하고 우측의 상속을 이용하는 방법을 클래스 어댑터라고 부른다.

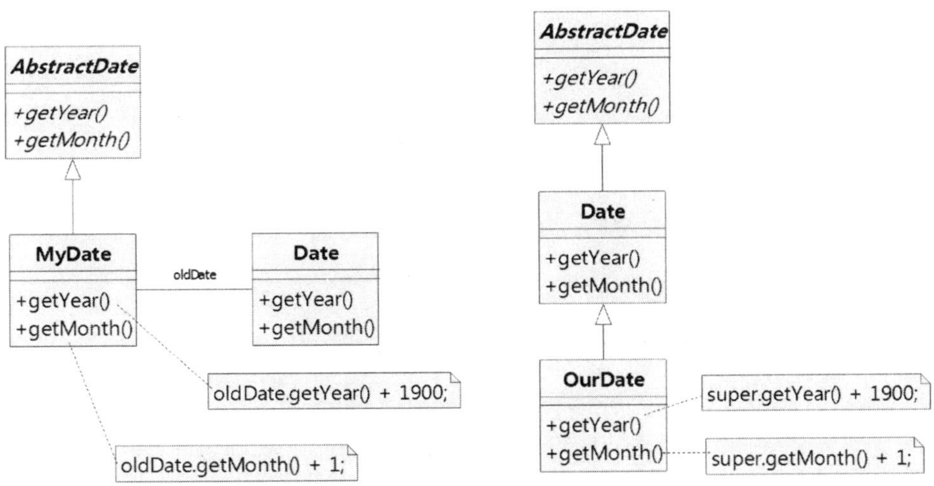

그림 6-4 Adapter의 적용(좌: Object Adapter, 우: Class Adapter)

Pattern Card Adapter Pattern

목적

내용상으로는 쓸 수 있는 객체이지만 인터페이스의 차이로 인해 달리 같이 쓸 방법이 없는 객체를, 개선된 인터페이스로 같이 쓸 수 있도록 구조화한다.

적용상황

여러 형태의 다른 구현 객체들이 있고, 어떤 객체가 생성되어야 할지를 결정하는 변수들이 여기 저기에 나타날 때 미리 정의된 조합이나 객체를 제공해야 할 때 사용된다. 현재 사용되고 있으나 외부에서 구하였거나 그 내력을 잘 모르는 라이브러리 또는 객체를 활용하여 프로그램을 작성하고자 할 때, 내용상으로는 사용 가능하지만 인터페이스가 달라 사용할 수 없을 때, 또는 조그만 차이로 인해 이를 수정하여 사용하고자 할 때 Adapter Pattern을 적용한다. 예를 들어 길이의 단위가 inch로 작성된 객체를 cm를 기준으로 만드는 시스템에 적용할 때 사용할 수 있다.

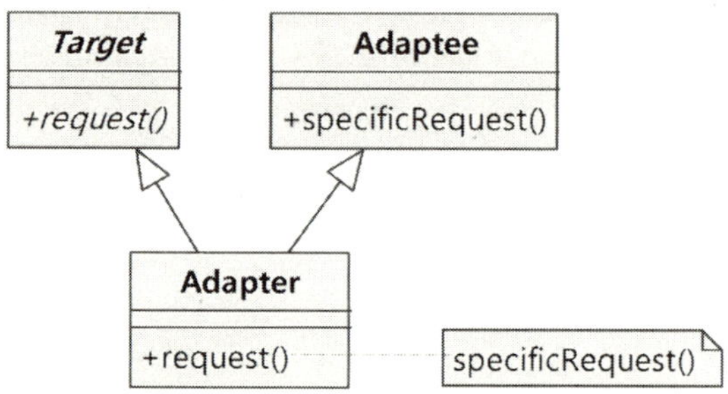

그림 6-5 class Adapter Pattern

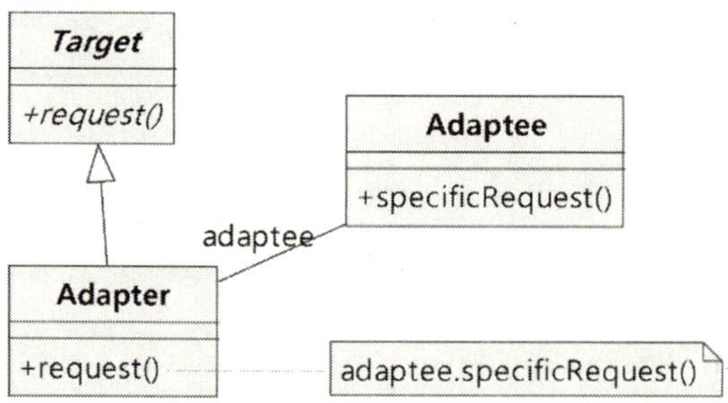

그림 6-6 Object Adapter Pattern

Workshop

아래 객체는 센서 모듈에서 육면체 사물을 인식하여 폭과 높이 그리고 부피를 inch와 inch3 알려 주는 객체이다.

```
class RecoBox {
  public int width();
  public int hight();
  public volume();
}
```

주) 실제 데이터를 받는 객체를 사용할 수 없으므로 여기서는 아래와 같이 단순 고정값을 반환하는 클래스를 대신 이용하기로 한다.

```
class RecoBox {
  public int width() { return 8; }
  public int hight() { return 5; }
  public volume() { return 200; }
}
```

현재 우리 프로젝트에서는 인치를 사용하지 않고 있으며 모든 단위는 센티를 사용한다. 우리 프로젝트에서 육면체를 위한 인터페이스는 다음과 같이 정의되어 있다.

```
interface Hexahedron {
  public int width();   // 폭
  public int hight();   // 높이
  public int depth();  // 깊이
}
```

Step 1 우리는 인치 단위를 사용하지 않고 센터를 사용하여 소프트웨어가 작동하여야 한다. 위 객체를 이용하여 반환 값이 inch가 아닌 cm를 반환하는 객체 Hexahedron을 Class Adapter Pattern을 이용하여 만들어라. (주) class RecoBox는 깊이(Depth)를 반환하는 메서드를 제공하지 않고 있다. 따라서 Hexahedron에 깊이를 cm로 반환하는 depth() 메서드를 추가로 제공하여야 한다.

Step 2 Step 1의 Hexahedron을 Object Adapter Pattern을 이용하여 만들어라.

연습문제

1. Adaptere Pattern의 목적은 내용상으로는 쓸 수는 있는 객체지만 ( )의 차이로 인해 달리 같이 쓸 방법이 없는 ( )를, 개선된 인터페이스로 같이 쓸 수 있도록 (   )한다.

2. Adapter Pattern이 제공하는 편의점을 논의하시오.

3. 오브젝트 어댑터는 (   )을 이용하는 방법의 패턴이고, 클래스 어댑터는 ( )을 이용하여 어댑터 패턴을 구현한 것이다.

4. Adapter Pattern을 적용 하였을 때 생기는 특징은?

5. Object Adapter 와 Class Adapter의 차이를 설명 하시오.

6. [코드 6-3]과 [코드 6-5]에서 java.util.Date에서 보여지는 값과 Adapter Pattern을 이용하여 보정된 값을 비교하여 출력 해주는 compare()라는 메서드를 추가하시오.

Workshop Answer

```
Step 1:
class HexahedronImp extends RecoBox implements Hexahedron {
   public int width() {
      return 2.54*super.width();
   }
   public int hight() {
      return 2.54*super.hight();
   }
   public int depth() {
      int inchDepth = super.volumn() / super.width();
inchDepth = inchDepth / super.hight();
      return 2.54*inchDepth;
   }
}

Step 2:
class HexahedronImp implements Hexahedron {
   private RecoBox inchBox = new RecoBox();

   public int width() {
      return 2.54* inchBox.width();
   }
   public int hight() {
      return 2.54* inchBox.hight();
   }
public int depth() {
      int inchDepth = inchBox.volumn() / inchBox.width();
inchDepth = inchDepth / inchBox.hight();;
      return 2.54*inchDepth;
   }
}
```

구조패턴 – 더 큰 구조로 확장

07 Composition Pattern

객체를 기반으로 하는 그림 편집기를 만들어보면, 일반 그림 편집기와 다른 문제에 봉착하게 된다. 일반적인 그림 편집기는 화면을 바탕종이 삼아 그림을 그리는 방식이어서 사각형안에 삼각형을 그리고 그 삼각형안에 글을 쓴다 해도 별 문제 될 것이 없다. 하지만 객체를 기반으로 하는 그림 편집기는 객체 단위의 이동과 같은 작업이 가능해야 하기 때문에 예를 들어 사각형 안에 삼각형을 그려 넣으면 사각형 이동 시에 삼각형도 사각형안에 포함되어 있음을 인지하고 함께 이동하여야 한다. 사각형안에 글씨를 써 넣었다고 생각하면 좀 더 쉽게 이해할 수 있다. 사각형 안에 있는 글씨는 사각형과 같이 움직여야 한다. 이렇게 한 개 이상의 객체가 계속해서 덧붙여지면서 한 개의 객체처럼 처리되어야 하는 경우가 발생한다.

그래픽처리를 하는 프로그램은 어느 정도의 코드 길이가 있어야 하므로 여기에서 사용하기에는 적절한 예가 될 수 없다. 따라서 비슷한 경우로 파일 시스템을 구성하는 예를 들어 보기로 하겠다. 간단한 파일 시스템을 가정하기 위해 파일에는 문자(Text)파일과 미디어 파일 두 종류만 존재하고 파일들을 담는 폴더가 있다고 가정하겠다. 일반적으로 폴더는 또 하나의 특수 파일로 보아야 한다. 폴더는 다른 다수의 다른 파일이나 폴더를 담을 수 있어야 한다. 이를 위한 클래스 다이어그램을 그려보면 다음과 같다.

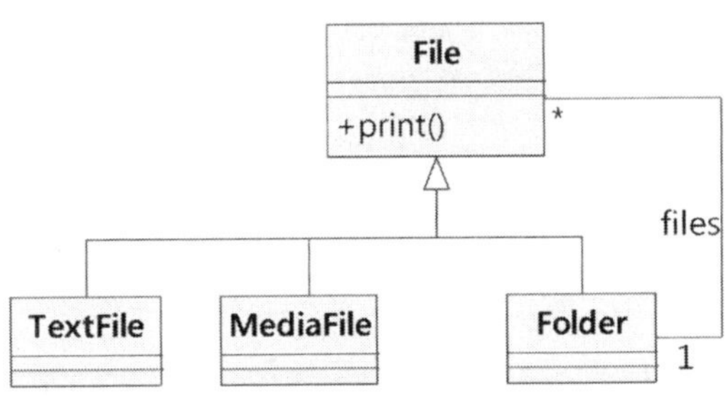

그림 7-1 파일 시스템

잠깐 왜 폴더를 특수파일로 취급하나?

물론 운영체제에서 자세히 다루게 되겠지만 여기서 가볍게 설명해 보기로 한다. 컴퓨터 사용자에게는 폴더가 특별한 의미를 가지게 되지만 컴퓨터 시스템의 입장에서는 폴더는 여러 개의 파일 목록과 그 파일들의 정보, 즉 크기, 생성시기, 저장매체 상의 위치 등의 정보가 기록되어 있는 리스트 파일이다. 따라서 사용자 인터페이스는 폴더를 다른 파일과 다르게 다룬다. 결국 사용자에게는 폴더가 다른 파일과 달리 파일 정보를 주는 특수한 것으로 보이지만 이는 운영체제의 파일시스템 서비스가 다른 파일과 달리 처리하기 때문이고, 실제로는 파일 목록을 담은 리스트 구조의 파일로 보아야 한다.

[그림 7-1]의 클래스 다이어그램에서 폴더는 여러 개의 파일과 (소유)관계(Association)를 가져야 하는데 실제로는 폴더 자신도 파일의 한 종류이므로 먼저 파일이라는 객체를 선언한 후 상속관계(is-a relationship)를 이용하여 여러 가지 파일을 (여기서는 문서파일, 미디어파일, 그리고 폴더) 만든 후 폴더와 파일과의 재귀적 관계를 갖게 함으로서 트리 형태의 인스턴스 연결관계를 클래스 다이어그램으로 표현할 수 있다. 결국 [그림 7-1]과 같은 클래스 다이어그램은 객체 인스턴스의 트리형태 연결이 가능하게 하여준다.

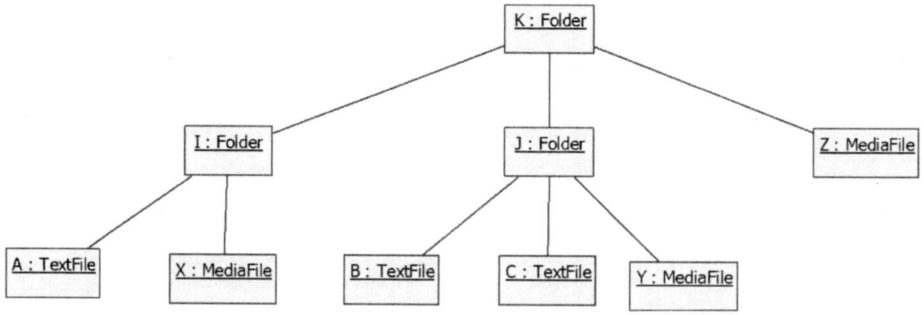

그림 7-2 클래스 다이어그램을 이용한 객체 인스턴스 생성 예

이제 이 파일 시스템에 프린트 기능을 넣는 것을 생각해 보자 각 객체는 자신의 종류를 프린트한다고 가정하자. 이때 폴더 객체는 자신이 포함하고 있는 모든 객체에 관해 프린트하기로 하겠다.

코드 7-1 File System 구현

```java
public interface File {
   public String print();
}

public class TextFile implements File {
   private String myName;
   TextFile(String name) {
      myName = name;
   }
   @Override
   public String print() {
      return (myName + ": Text File\n");
   }
}

public class MediaFile implements File {
   private String myName;
   MediaFile(String name) {
      myName = name;
   }
   @Override
   public String print() {
      return (myName + ": Media File\n");
   }
}

public class Folder implements File {
   private String myName;
   private ArrayList<File> files = new ArrayList<File>();
   Folder(String name) {
      myName = name;
   }
   public void addFile(File x) {
      files.add(x);
   }
   @Override
   public String print() {
      String message = "Folder <" + myName + ">\n";
      for(int i=0; i<files.size(); i++) {
         File item = files.get(i);
         message += ("    " + item.print());
      }
      return message;
   }
}
```

[코드 7-1] 줄 1~3은 File객체를 정의하였고 줄 4~12 그리고 줄 13~21은 각각 TextFile과 MediaFile을 정의하고 있다. 여기서는 동일한 코드 형태를 가지고 있지만, 필요에 따라서는 다른 정보들이 들어갈 수 있을 것이다. 두 객체 모두 자기 아이디 정보를 생성시에 부여받아 print() 메서드에서 그 정보를 출력하는 구조로 되어있다. 줄 22~39에 정의된 Folder 객체는 줄 24에서 볼 수 있듯이 ArrayList 형태로 File 객체의 리스트를 관리한다. [코드 7-2]에서는 이 객체들을 이용하여 [그림 7-2]와 같이 트리 구조를 가지는 객체 인스턴스를 생성하였다. 줄 3~11까지는 객체 생성관련 코드이며 줄 12~19에서 객체 인스턴스를 트리 구조로 구성하고 있다.

코드 7-2 트리구조의 객체 인스턴스의 생성

```
1   public class TryThis {
2     public static void main(String[] args) {
3       File a = new TextFile("A");
4       File b = new TextFile("B");
5       File c = new TextFile("C");

6       File x = new MediaFile("X");
7       File y = new MediaFile("Y");
8       File z = new MediaFile("Z");

9       Folder i = new Folder("I");
10      Folder j = new Folder("J");
11      Folder k = new Folder("K");

12      i.addFile(a);
13      i.addFile(x);
14      j.addFile(b);
15      j.addFile(c);
16      j.addFile(y);
17      k.addFile(i);
18      k.addFile(j);
19      k.addFile(z);

20      System.out.println(i.print());
21      System.out.println(j.print());
22      System.out.println(k.print());
23    }
24  }
```

출력 7-2 트리구조의 객체 인스턴스의 생성 결과

```
Folder <I>
   A: Text File
   X: Media File

Folder <J>
   B: Text File
   C: Text File
   Y: Media File

Folder <K>
   Folder <I>
   A: Text File
   X: Media File
   Folder <J>
   B: Text File
   C: Text File
   Y: Media File
   Z: Media File
```

꼭 트리 형태의 객체 인스턴스 연결을 하지 않는다 하더라도 객체의 포함관계가 명시되는 경우 앞 예와 비슷한 상황이 발생한다. 물건가격을 정하는 프로그램을 살펴보기로 하자. 이해를 돕기 위해 익숙한 컴퓨터를 예로 들겠다.

컴퓨터 상점의 물건가격 합계를 내는 프로그램 작성을 생각해보자. 단순한 상황을 만들기 위해 일단 이 컴퓨터가게에서 판매하는 물건은 기본적으로 판매하는 물건이 프린터와 컴퓨터 본체 그리고 모니터가 있다고 하자. 또한 세트 상품이 있어 컴퓨터 세트는 컴퓨터 본체와 모니터가 구성되어 있으며 주변기기세트는 모니터와 프린터로 구성되어 있으며 입학시즌을 맞아 입시생 세일 상품으로 컴퓨터 본체 모니터 프린터로 구성된 상품을 만들고자 한다. 세트 상품은 10%의 할인이 적용되고 세일 상품은 20%의 할인을 하여 준다. 이를 표로 정리하면 아래와 같다.

표 7-1 컴퓨터 가게의 판매 물품

<table>
<tr><th>구분</th><th>상품명</th><th>구성</th><th>가격</th></tr>
<tr><td rowspan="3">상품</td><td>컴퓨터 본체</td><td>컴퓨터본체</td><td>500</td></tr>
<tr><td>모니터</td><td>모니터</td><td>100</td></tr>
<tr><td>프린터</td><td>프린터</td><td>200</td></tr>
<tr><td rowspan="4">세트
상품</td><td rowspan="2">컴퓨터세트</td><td rowspan="2">컴퓨터 본체 + 모니터</td><td>540</td></tr>
<tr><td>10%할인</td></tr>
<tr><td rowspan="2">주변기기세트</td><td rowspan="2">모니터 + 프린터</td><td>270</td></tr>
<tr><td>10%할인</td></tr>
<tr><td rowspan="2">세일
상품</td><td rowspan="2">입시 생 세트</td><td rowspan="2">컴퓨터 본체
+ 모니터 + 프린터</td><td>640</td></tr>
<tr><td>20%할인</td></tr>
</table>

일반적으로 이런 프로그램을 작성하고자 한다면 객체 인스턴스까지 고려해야 한다. 가장 간단한 구현은 아마도 상품명을 객체 인스턴스의 이름으로 하고 객체 어트리뷰트(Attribute)에 이것이 단품인지, 세트 상품인지 혹은 세일 상품인지를 표시하여 상품을 구분 짓고 구성내용을 저장하는 문자열을 지정하여 상품이 어떻게 구성되어있는지를 기록하는 방법으로 구현할 수 있을 것이다[그림 7-1]. 그러나 이러한 구현은 나중에 확장성이 없고 한 개의 상품 가격이 바뀔 때마다 전체 상품을 일일이 검토하여 가격 변동을 반영해 주어야 한다. 예를 들어 모니터 가격이 바뀌었다면, 모니터를 포함하는 세트 상품과 세일 상품 모두의 가격을 변경하여 주어야 한다.

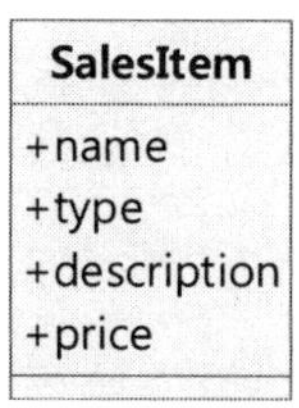

그림 7-3 직접적인 설계

이를 좀 더 개선하기 위해 판매 물품을 종류별로 별도의 객체를 만들고 가격 결정을 필요한 비즈니스 로직을 처리하는 getPrice()라는 메서드를 제공하여 준다. 이렇게 한 후 getPrice()메서드를 통해 가격 정보를 얻으면 앞에서 문제 되었던 가격 정책 변화에 따른 변경을 좀 더 쉽게 반영하여 줄 수 있다.

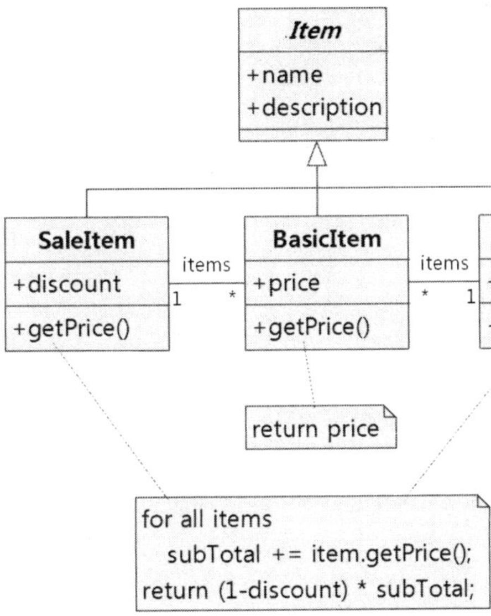

그림 7-4 개선된 설계

하지만 아직도 새로운 종류의 세트 상품을 만든다든지 새로운 종류의 세일상품을 만드는 것은 새로운 객체를 정의해야 가능하다. 즉, 더 자유로운 변화에 대한 대응을 하기 위해서는 좀 더 자유로운 객체 구조를 만들어야 가능하다. [그림 7-1]에서 보았던 파일 시스템과 같은 아이디어를 이용하면 변화에 대응하기 좋은 구조로 변경이 가능하다. 즉 BasicItem은 그대로 두고 다른 Item을 포함하는 SaleItem이나 SetItem을 CompositeItem으로 묶어주는 것이다. 실제로 [그림 7-4]를 살펴보면 SaleItem과 SetItem 모두가 동일 구조로 묶일 수 있음을 볼 수 있다. 이렇게 트리 구조를 적용한 설계가 [그림 7-5]에 나타나 있다. [코드 7-3]은 이를 구현한 코드이다. [코드 7-3]에서 CompositeItem 객체 생성시 할인율을 수정함으로써 가격정책을 자유롭게 조정할 수 있다.

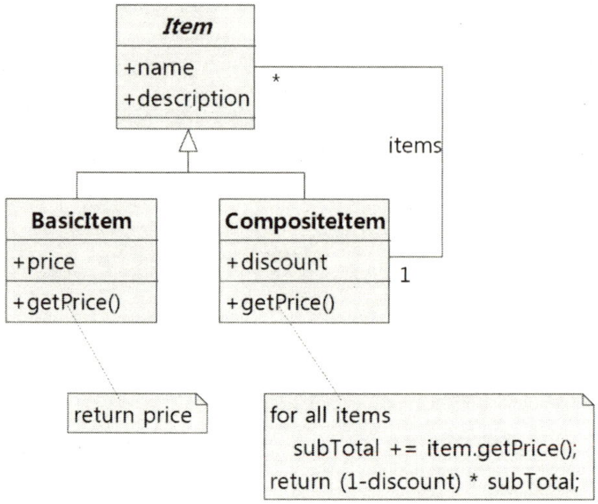

그림 7-5 트리 구조의 적용

코드 7-3 컴퓨터 판매 프로그램에 객체 트리 구조 적용

```java
public abstract class Item {
   String name;
   String description;
   public abstract double getPrice();
}

public class BasicItem extends Item {
   private double price;
   BasicItem(String name, double price) {
      this.name = name;
      this.description = "Basic Item";
      this.price = price;
   }
   @Override
   public double getPrice() {
      return price;
   }
}

public class CompositeItem extends Item {
   private ArrayList<Item> items = new ArrayList<Item>();
   private double discount;
```

```
  CompositeItem(String name, String description, double discount)
{
    this.name = name;
    this.description = description;
    this.discount = discount;
  }
  public void addItem(Item item) {
    items.add(item);
  }
  @Override
  public double getPrice() {
    double price = 0.;
    for(int i=0; i<items.size(); i++) {
      price += items.get(i).getPrice();
    }
    return (1. - discount)*price;
  }
}

public class ComputerShop {
  public static void main(String[] args) {
    Item computer = new BasicItem("Computer", 500.);
    Item monitor = new BasicItem("Monitor", 100.);
    Item printer = new BasicItem("Printer", 200.);

    CompositeItem computerSet = new
 CompositeItem("Computer Set", "Computer + Monitor", .1);
    computerSet.addItem(computer);
    computerSet.addItem(monitor);
    CompositeItem auxSet = new CompositeItem("Aux. Set", "Monitor
+ Printer", .1);
    auxSet.addItem(monitor);
    auxSet.addItem(printer);
    CompositeItem prepStSale = new CompositeItem("Prep Student
Sale", "Computer + Monitor + Printer", .2);
    prepStSale.addItem(computer);
    prepStSale.addItem(monitor);
    prepStSale.addItem(printer);

    System.out.println(computer.getPrice());
    System.out.println(monitor.getPrice());
    System.out.println(printer.getPrice());
```

```
        System.out.println(computerSet.getPrice());
        System.out.println(auxSet.getPrice());
        System.out.println(prepStSale.getPrice());
    }
}
```

출력 7-3 컴퓨터 판매 프로그램에 객체 트리 구조 적용 결과

```
500.0
100.0
200.0
540.0
270.0
640.0
```

이와 같이 트리 구조의 객체 구성이 요구될 때 적용되는 구조를 잘 정의한 것이 바로 Composition Pattern이다. Composition Pattern은 다음과 같이 적용할 것을 권장하고 있다.

Pattern Card Composition Pattern

목적

여러 객체로 이루어지는 구조를 다시 포함하는 구조를 만들 수 있게 객체 구성을 트리 형태로 구조화 한다. 이렇게 하여 하나의 객체나 구조화된 객체가 동일하게 다루어질 수 있다.

적용상황

어떤 객체가 여러 객체로 구성될 수 있을 때 이들을 동일한 방법으로 다루고자 한다면 Composition Pattern을 적용하여야 한다. 예를 들어 많은 그래픽 응용프로그램에서 어떤 도형 안에 다른 도형을 그리거나 문자를 써넣고 싶을 때, 이들 도형을 다시 다른 도형 안에 집어넣고 싶을 때 사용된다.

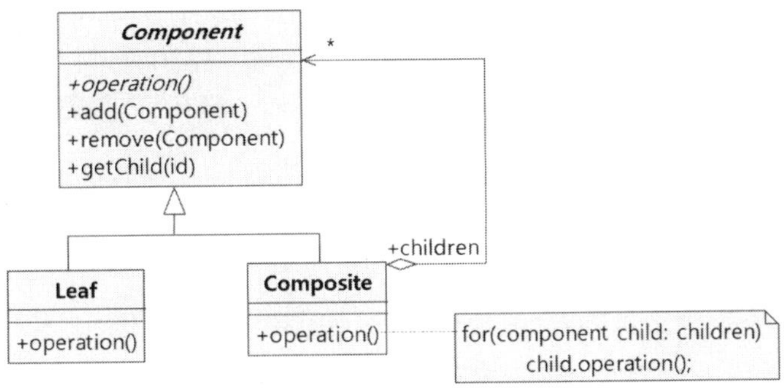

그림 7-6 Composition Pattern

Workshop

e메일 시스템의 연락처 그룹기능을 구현하고자 한다. e메일 시스템의 기본객체는 PostMan이고 문자열로 된 e메일 주소를 매개변수로 가지는 sendMail(String address); 메서드를 제공한다.

Step 1 사람 이름과 그 사람의 이메일 주소를 저장하는 문자열을 Attribute로 가지고 메일 발송을 하는 sendMail()이라는 메서드를 가지는 Person이라는 객체를 정의하라.

Step 2 Step 1의 Person을 기본으로 Composition Pattern을 이용해 연락처 그룹을 만들 수 있도록 구조화 하라.

연습문제

1. Composite Pattern은 여러 객체로 이루어지는 (　)를 다시 (　)하는 구조를 만들 수 있게 객체 구성을 (　)로 구조화 한다.

2. Composite Pattern의 적용은 어떨 때 이루어지는 것이 좋은가?

3. Composit pattern을 사용하였을 때 장점을 설명 하시오.

4. [코드 7-1]에서 Folder안에는 File형식들만을 담을 수 있었다. 만약에 File형식이 아닌 다른 형식의 자료를 Folder안에 저장하기 위해서는 어떤 부분을 추가해야 하는지 설명하시오.

5. [코드 7-3]에서 Item을 확장한 중고PC를 담당하는 UsedItem을 정의하고 ComputerShop에서 Usedset을 생성하고 중고물품의 정보를 출력하시오.

Workshop Answer

Step 1:
```
class Person {
   private String name;
   private String eMail;

   public void sendMail() {
      PostMan post = new PostMan();
      post.sendMail(this.eMail);
   }
}
```

Step 2:
```
abstract class Contact {
   protected ArrayList<Contact> cList;

   public abstract void sendMail();
   public void add(Contact x) {
      cList.add(x);
}
   public void remove(Contact x) {
      cList.remove(x);
}
}
class Person extends Contact {
   private String name;
   private String eMail;

   public void sendMail() {
      PostMan post = new PostMan();
      post.sendMail(this.eMail);
   }
}
```

```
class Group extends Contact {
   private String name;

   Group() {
      cList = new ArrayList<Contact>();
   }
   public abstract void sendMail() {
      for(Contact x: cList) {
         x.sendMail();
      }
   }
}
```

구조패턴 – 더 큰 구조로 확장

08 Decorator Pattern

기본객체가 있고 그 객체에 새로운 부가기능을 추가하는 일은 흔히 발생한다. 이러한 일의 예는 이미 6장의 Adapter Pattern에서 알아보았다. 즉 기본객체가 있고 그 기본객체에 변화를 주어 새로운 객체처럼 행동하도록 하는 작업이었고 이번에는 원하는 인터페이스 차이를 확장하여 추가기능을 다루도록 할 수 있다. 하지만 추가하고자 하는 기능이 범용적으로 이용되는 기능이라면 독립적으로 구성하여 다양한 방법으로 활용할 수 있게 하여야 할 것이다.

이런 예로 가장 많이 언급되는 것이 GUI환경에서 한 개의 윈도우를 꾸미는 스크롤바가 있다. 스크롤바는 GUI환경 대부분의 윈도우에 필요 시 나타나야 하는 부가기능이다. 따라서 프로그래머의 의도에 따라 독립된 스크롤 기능을 추가하거나 뺄 수 있는 구성이 필요하다.(스크롤바는 항상 나타나는 것이 아니고 화면에 표시해야 할 내용이 한 화면 보다 더 많아 한 화면 이상이 될 경우에 나타나야 한다. 결국 화면에 표시되는 자료 양이 결정되면 동적으로 스크롤 기능이 추가되기도 한다.)

이런 동적인 추가 기능 또는 추가 업무를 가감할 수 있는 구조를 만들어 놓은 것이 Decorator Pattern이다. 완전한 GUI환경을 예로 들 수 없으므로 여기에서는 문자열을 장식하는 경우를 예로 사용하기로 하겠다. 다음 코드를 살펴보자.

코드 8-1 TextContents 객체

```
public class TextContents {
   private String body;

   TextContents(String message) {
      setBody(message);
   }
   public void setBody(String message) {
      body = message;
   }
   public String showContents() {
      return body;
   }
}
```

[코드 8-1]의 기본 본문 객체 TextContents는 String type의 문자열을 저장하는 단순한 객체이다. 이 객체를 꾸미는 여러 작업이 가능하겠지만, 여기에서는 머리말(Header)과 꼬리말(Footer)을 붙이는 간단한 변형을 생각해보자. 머리말은 단순한 문구가 먼저 나타나고 문구아래 밑줄을 치는 작업을 한다. 꼬리말도 유사한 것으로 먼저 문장아래 밑줄을 치고 그 아래 간단한 문구를 출력해주는 작업을 한다. 경우에 따라 머리말만 있는 경우도 있고 꼬리말만 있는 경우도 있지만 두 개 모두가 나타날 수도 있다고 하자. 먼저 독립된 객체로 꼬리말을 구현해 보자.

코드 8-2 Footer 객체의 구현

```
public class Footer {
   private TextContents component;
   private String footerMessage;

   Footer(String message, TextContents footer) {
      footerMessage = message + "\n";
      component = footer;
   }
   public String showContents() {
      String message = component.showContents();
      message += "=======================\n";
      message += footerMessage;
```

```
12         return message;
13      }

14      public static void main(String[] args) {
15         TextContents myContent =
              new TextContents("Hello there!\nIt a nice day.");
16         Footer finalContent =
              new Footer("written by HongKilDong", myContent);
17         System.out.println(finalContent.showContents());
18      }
19   }
```

출력 8-2 Footer 객체의 수행 결과

```
Hello there!
It a nice day.
===============================
written by HongKilDong
```

머리말과 꼬리말은 독립된 기능이고 경우에 따라서는 머리말만 있거나 꼬리말이 있을 수 있으며 두 개 모두가 표현될 수 도 있다. 하지만 [코드 8-2]와 같은 구현방법은 줄 2에서 볼 수 있듯이 고정참조가 되어 머리말 객체도 같은 방법으로 구현하면 머리말 또는 꼬리말만 가질 수 있을 뿐 두 개를 모두 가지는 객체로 재사용할 수 없다. 이를 해결하기 위해서 다음과 같은 구조를 가지도록 하여 준다.

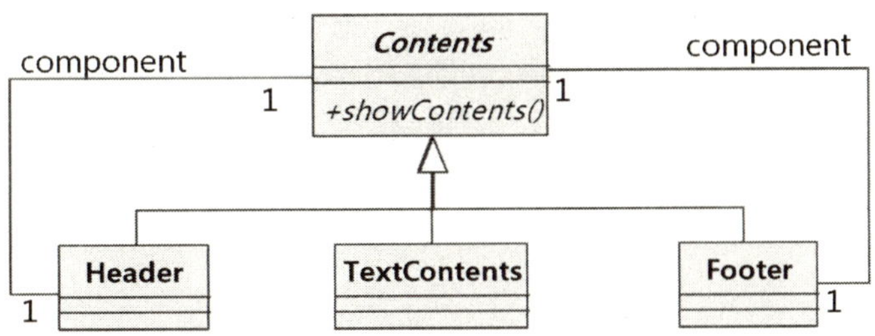

그림 8-1 머리말과 꼬리말 객체

이렇게 하면 ‘Header’와 ‘Footer’ 객체가 서로를 참조할 수 있어 독립적인 구현을 하고 같이 사용할 수 도 있다. 이를 구현하기 위해 먼저 [코드 8-3]과 같이 ‘Contents’ 인터페이스를 정의하고‘ TextContents’가 ‘Contents’를 상속받게 하여야 한다.

코드 8-3 개선된 TextContents 객체

```
public interface Contents {
   public String showContents();
}

public class TextContents implements Contents {
   private String body;

   TextContents(String message) {
      setBody(message);
   }
   public void setBody(String message) {
      body = message + "\n";
   }
   @Override
   public String showContents() {
      return body;
   }
}
```

이제 ‘Header’와 ‘Footer’ 객체를 정의하여야 한다. [코드 8-2]에서 바꾸는 주된 부분은 먼저 ‘Contents’ 인터페이스를 상속받게 하는 것이고 [코드 8-2]의 줄 2에서 연관관계를 ‘TextContents’에서 ‘Contents’로 바꾸어 주어 ‘TextContents’에 종속되지 않도록 만들어 주는 것이다. [코드 8-4]는 이러한 변화를 반영한 개선된 코드이다.

코드 8-4 개선된 Header와 Footer

```
1  public class Header implements Contents {
2     private Contents component;
3     private String headerMessage;

4     Header(String message, Contents ct) {
5        headerMessage = message + "\n";
6        component = ct;
7     }
      @Override
8     public String showContents() {
9        String message = headerMessage;
10       message += "------------------------------\n";
11       message += component.showContents();
12       return message;
13    }
14 }

15 public class Footer implements Contents {
16    private Contents component;
17    private String footerMessage;

18    Footer(String message, Contents ct) {
19       footerMessage = message + "\n";
20       component = ct;
21    }
      @Override
22    public String showContents() {
23       String message = component.showContents();
24       message += "=======================\n";
25       message += footerMessage;
26       return message;
27    }
28 }
```

이제 모든 준비가 되었으니 간단한 활용 예를 돌려보기로 하자. [코드 8-4] 줄 2에서 'TextContents'를 선언하였고, 줄 3에서 이 'TextContents'를 꾸미는 'Footer'를 덧붙였다. 그 결과를 줄 5, 6에서 출력하도록 하였고 그 결과는 [코드 8-2]의 결과인 [출력 8-2]와 동일하게 작동하였음을 [출력 8-4]의 줄 2~5에서 확인 할 수 있다. 하지만 [코드 8-4]의 줄 4에서 다시 결과물에 'Header'를 덧붙일 수 있음을 볼 수 있다. 이를 확인하기 위해 줄 7, 8에서 출력하였고 [출력 8-4]의 줄 8~13에서 그 결과를 볼 수 있다.

코드 8-4 개선된 Header와 Footer의 활용

```
1  public static void main(String[] args) {
2     TextContents myContent =
         new TextContents("Hello there!\nIt a nice day.");
3     Footer finalContent =
         new Footer("written by HongKilDong", myContent);
4     Contents good =
         new Header("This is Header", finalContent);

5     System.out.println("<<Test 1>>>");
6     System.out.println(finalContent.showContents());

7     System.out.println("<<Test 2>>>");
8     System.out.println(good.showContents());
9  }
```

출력 8-4 개선된 Header와 Footer의 활용 결과

```
1  <<Test 1>>>
2  Hello there!
3  It a nice day.
4  ================================
5  written by HongKilDong
6  
7  <<Test 2>>>
8  This is Header
9  --------------------------------
10 Hello there!
11 It a nice day.
12 ================================
13 written by HongKilDong
```

이렇게 해서 독립적인 기능을 유지하면서 새로운 기능을 반복적으로 추가할 수 있는 구조를 만들어 보았다. [그림 8-1]의 설계는 잘 작동하지만 아직도 개선의 여지가 있다. 'Header'와 'Footer'가 동일 구조를 가지고 있지만 이를 합쳐서 관리하지 못하고 있다. 이를 마지막으로 개선하면 [그림 8-2]와 같은 구성이 가능하다. 이렇게 해서 만들어진 것이 바로 Decorator Pattern이다.

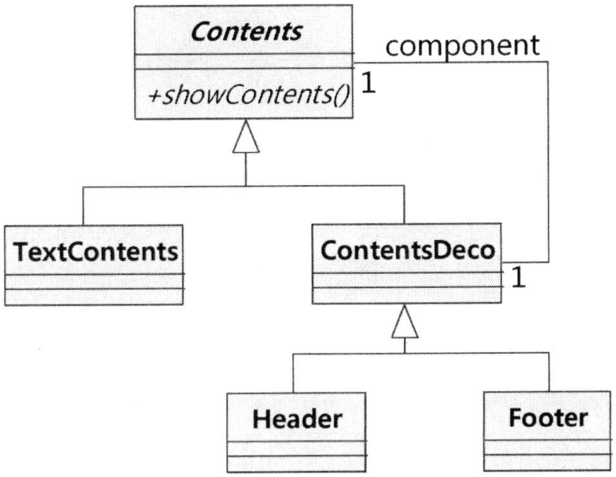

그림 8-2 Decorator Pattern을 적용한 Header와 Footer 객체

Decorator Pattern을 구조패턴으로 구분한 것은 디자인 패턴(Design Pattern)을 초기 정착시킨 GOF*에 의해서이다. Decorator Pattern의 구조는 Composition Pattern과 매우 유사해서 쉽게 혼동 될 수 있다. 따라서 Decorator Pattern과 Composition Pattern의 차이를 먼저 설명한 후 Decorator Pattern의 적용을 다루기로 하겠다. Decorator Pattern은 다음과 같이 정리된다.

Pattern Card Decorator Pattern

목적

객체에 새로운 기능 또는 의무사항을 동적으로 추가할 수 있는 구조를 만든다. 확장기능은 상속을 통해 자유롭게 추가된다.

적용상황

어떤 일을 수행할 때마다 다른 부수적인 일을 꼭 수행하여야만 하는 경우 또는 다른 일들을 조합해서 하나의 새로운 일을 만들어내야 하는 경우 적용된다.

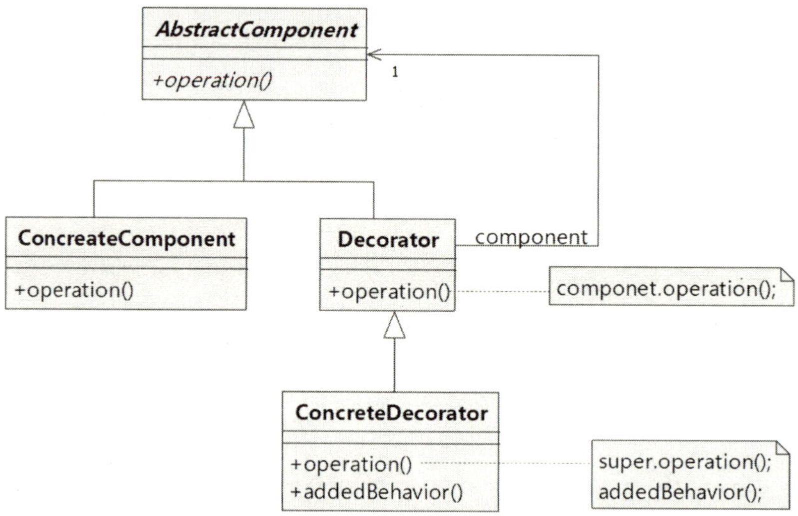

그림 8-3 Decorator Pattern

Decorator Pattern은 Composition Pattern과 비교해서 생각해보아야 잘 정리될 수 있다. 이미 앞장에서 다룬 것과 같이 Composition Pattern은 객체 인스턴스 생성 시 트리 구조 구성이 가능하도록 만든 패턴이다. [그림 8-4]는 Composition Pattern을 설명하기 쉽게 펼친 그림이다.

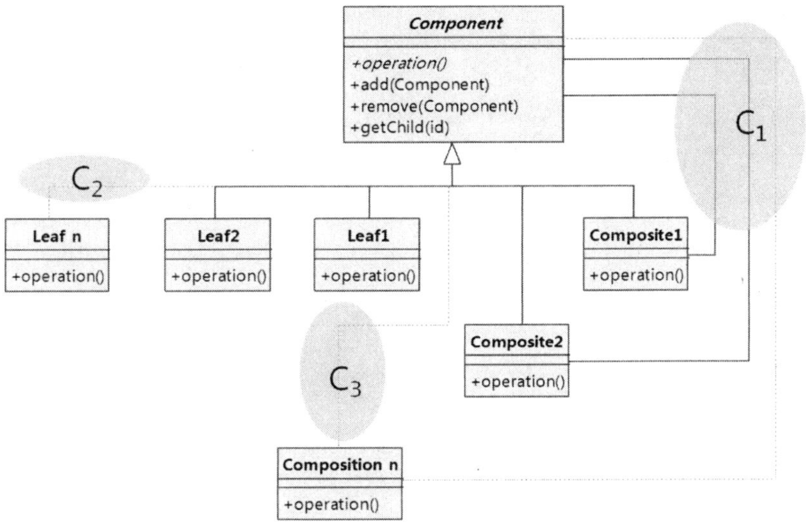

그림 8-4 Composition Pattern의 분해

[그림 8-4]를 보면, 기본 Composition Pattern에서 여러 형태의 Leaf와 여러 종류의 컴포지션을 만들 수 있도록 확장하고 있음을 알 수 있다. 이러한 물론 현실적으로 이러한 확장이 일어날 가능성은 적다. Leaf의 종류가 여럿인 경우(그림의 C2 지역)는 어느 정도 예상되지만 컴포지션 형태가 여럿 필요한 경우(그림의 C3 지역)는 매우 드물 것이다.

객체 인스턴스의 층위(Depth)는 [그림 8-4]의 C1 에 보이는 자식으로부터 부모로의 feedback Association으로 만들어지게 된다. 즉 [그림 8-4] 객체 다이어그램을 따르는 객체 인스턴스를 생성하면 트리 형태의 객체 인스턴스 관계가 만들어지는데, 그 트리의 폭 확장은 C2와 C3에 의해 이루어지고 상하계층은 C1에 의해 만들어지는 것이다.

앞에서 살펴 본 것과 같이 Decorator Pattern의 목적은 객체에 새로운 기능이나 의무사항을 동적으로 추가하는 것이다. 동적으로 무언가를 추가한다는 것은 객체 자체를 변화시켜서 할 수 있는 방법은 없으므로, 앞에서 배운 Adapter Pattern처럼 기초 객체를 감싸는 다른 개체를 만들고 거기에 추가 기능이나 의무사항을 추가하는 방식으로 만들어 주어야 한다. 또한 추가 기능이나 의무사항을 연속적으로 부가하기 위해서는 [그림 8-4]의 C1과 같은 재귀적 연관관계를 맺을 수 있도록 하여 연속적인 기능의 추가가 이루어질 수 있게 하여야 한다.

이제 다시 정리해 보면, Composition Pattern과 Decorator Pattern은 보이기에 유사해 보이지만 Composition Pattern은 트리 상하계층의 확장뿐만 아니라 폭으로 확장이 이루어지는데, Decorator Pattern은 오직 상하 계층 확장만이 이루어져 [그림 8-5]와 같이 상자 속에 상자, 또 그 상자 속에 상자가 들어 있고 마지막 상자 안에 선물이 들어 있는 것과 같은 객체의 중첩을 표현하는 구조이다.

그림 8-5 상자 속에 상자

Workshop

주어진 문자열에 특수문자 장식을 붙이는 프로그램을 작성하고자 한다. 예를 들어 주어진 문자열이 "Young"이라고 할 때 *장식을 붙이면 "*young*"이 되고 =장식을 붙이면 "=young="이 된다. 이러한 특수문자 장식은 중첩되어 적용이 가능하다.

Step 1 문자열을 출력하는 print()라는 메서드를 가지는 AbstractTextLine 인터페이스를 정의하라.

Step 2 AbstractTextLine을 상속받아 실제 문자열을 다룰TextLine이라는 객체를 만들어라. 이 객체에서는 저장될 문자열을 설정할 수 있는 setter 메서드를 가져야 한다.

Step 3 AbstractTextLine을 상속받아 Decorator의 원형이 될 DecoTextLine을 만들어라. DecoTextLine은 AbstractTextLine 객체를 참조해야 하며 print() 메서드에서 참조된 객체의 print() 메서드를 호출하여야 한다.

Step 4 DecoTextLine을 상속받아 *를 붙이는 A_Deco, =를 붙이는 E_Deco, 〈〉를 앞뒤로 붙이는 G_Deco를 만들어라.

Step 5 "Hello World!"문자열을 기본 Text로 설정하고 Step 4의 Decorator를 이용하여 "〈〈=*Hello World!*=〉〉"를 출력하는 코드를 작성하라.

연습문제

1. Decorator Pattern의 목적은 객체에 새로운 기능이나 의무사항을 동적으로 추가하는 것 이다. 그 방법들에는 무엇이 있는가?

2. Decorator Pattern과 Composite Pattern의 차이점을 논하시오.

3. Decorator Pattern과 Strategy Pattern과의 차이점을 논하시오.

4. 기능 추가에 있어 Decorator Pattern의 장점을 논하시오.

5. Decorator Pattern이 사용될 수 있는 예를 3가지 이상 제시하시오.

6. Decorator Pattern과 Adapter Pattern은 인터페이스(API)를 각각 어떻게 다루는지 설명하시오.

7. 빈칸을 채우시오.

> Decorator Pattern을 사용하면 (　　　　　)이 많아지는 단점도 생길 수 있다.

Workshop Answer

```
Step 1:
interface AbstractTexxtLine {
   public String print();
}

Step 2:
class TextLine implements AbstractTextLine {
   private String myText ;

   TextLine(String message) {
      setText(message);
   }

   public void setText(String message) {
      this.myText = message;
   }
   public String print() {
      return this.myText;
   }

Step 3:
class DecoTextLine implements AbstractTextLine {
   private AbstractTextLine component;

   DecoTextLine(AbstractTextLine comp) {
      this.component = comp;
   }
   public String print() {
      this.component.print();
   }
}
```

```
Step 4:
class A_Deco extends DecoTextLine {
   public String print() {
      return "*" + super.print() + "*"
   }
}

class E_Deco extends DecoTextLine {
   public String print() {
      return "=" + super.print() + "="
   }
}

class G_Deco extends DecoTextLine {
   public String print() {
      return "<" + super.print() + ">"
   }
}

Step 5:
public static void main(String[] args) {
   AbstractTextLine body = new TextLine("Hello World!");
   AbstractTextLine aBody = new A_Deco(body);
   AbstractTextLine eBody = new E_Deco(aBody);
AbstractTextLine gBody = new G_Deco(ebody);
AbstractTextLine ggBody = new G_Deco(gbody);

   System.out.println(ggBody.print())
}
```

구조패턴 – 더 큰 구조로 확장

09 Proxy Pattern

데이터 베이스에 대한 접근은 언제나 중요한 문제이다. 특히 그 접근 상대가 누구인가에 따라 접근할 수 있는 자료의 종류가 다를 경우가 많아서 특히 조심스러운 경우가 많다. 이럴 경우 데이터 베이스 접근을 통제하는 객체를 만들어 사용한다. 하지만 데이터 베이스 접근 객체 자체에 문제가 생길 경우 바로 자료에 접근이 가능하다. 이럴 경우 실제 데이터 베이스 접근 객체에 다른 객체의 직접적인 접근을 막고 간접적으로 접근하도록 중계 객체를 두는 것이 한 가지 방법이 될 수 있다.

즉 클라이언트는 데이터 베이스에 접근을 위해 자신에게 할당된 객체를 사용하여 데이터 베이스에 접근하는데 이 할당된 객체도 직접 데이터 베이스에 접근을 하는 것이 아니라 [그림 9-1]처럼 데이터 베이스 접근객체에 부분적으로 접근하도록 하여 관리를 용이하게 만드는 방식을 취할 수 있다. 이렇게 함으로서 데이터에 잘못된 접근이나 실수를 방지하는 효과를 가지게 만들 수 있다.

그림 9-1 간접적인 데이터 접근 객체(DAO)

그러나 이런 설계는 고정적 사용일 때 사용될 수 있지만, 다양한 Service가 요구될 경우에는 대응하기가 힘들다. 여기에서 데이터 베이스를 설계할 수 없으므로 데이터 베이스를 대치할 객체를 만들고 여기에 접근하는 DAO객체를 간단히 만들어 사용하겠다.

코드 9-1 DAO 객체

```
1  public class DataAccessObject {
2    private static final DataBase db = new DataBase();

3    public String accessName(int index) {
4      return db.nameList.get(index);
5    }
6    public String accessSecInfo(int index) {
7      return db.secInfoList.get(index);
8    }
9    public String accessBirthDay(int index) {
10     return db.birthDayList.get(index);
11   }
12   public String accessGrade(int index) {
13     return db.gradeList.get(index);
14   }
15 }

16 class DataBase {
17   ArrayList<String> nameList = new ArrayList<String>();
18   ArrayList<String> secInfoList = new ArrayList<String>();
19   ArrayList<String> birthDayList = new ArrayList<String>();
20   ArrayList<String> gradeList = new ArrayList<String>();

21   DataBase() {
22     nameList.add("Kim");
23     secInfoList.add("Charming");
24     birthDayList.add("2014/01/01");
25     gradeList.add("Good");
26     nameList.add("Park");
27     secInfoList.add("Beauty");
28     birthDayList.add("2010/10/10");
29     gradeList.add("Best");
30     nameList.add("Lee");
31     secInfoList.add("Healthy");
32     birthDayList.add("2012/12/12");
33     gradeList.add("No Good");
34   }
35 }
```

[코드 9-1]의 줄 16~35에 있는 DataBase객체는 실제 DB를 대신하는 inner객체이고 줄 1~15의 DataAccessObject 객체가 바로 DAO객체이다. 모든 DataBase의 자료는

DataAccessObject를 통해서만 접근이 가능하다. 여기서는 Name, SecInfo, Birthday, Grade 4가지 정보만 다루기로 하고 각각accessName(), accessSecInfo(), access-BirthDay(), accessGrade() 메서드를 이용하여 자료에 접근할 수 있다. 이제 이름만 접근할 수 있는 Service 객체를 만들어 보기로 하자. 일단 모양의 통일성을 주기 위해 accessName(), accessSecInfo(), accessBirthDay(), accessGrade() 메서드를 모두 제공하기로 하고 accessName()을 제외한 accessSecInfo(), accessBirthDay(), accessGrade() 메서드는 "Data access denied!" 메시지를 return하는 메서드로 만든다.

코드 9-2 Data Service 객체 유형 1

```
public class DataService1 {
  private DataAccessObject realSubject =
    new DataAccessObject();

  public String accessName(int index) {
    return realSubject.accessName(index);
  }
  public String accessSecInfo(int index) {
    return "Data access denied!";
  }
  public String accessBirthDay(int index) {
    return "Data access denied!";
  }
  public String accessGrade(int index) {
    return "Data access denied!";
  }

  public static void main(String[] args) {
    DataService1 myOPbject = new DataService1();
    for(int i=0; i<3; i++) {
      System.out.print(myOPbject.accessName(i) + "  ");
      System.out.print(myOPbject.accessSecInfo(i) + "  ");
      System.out.print(myOPbject.accessBirthDay(i) + "  ");
      System.out.println(myOPbject.accessGrade(i));
    }
  }
}
```

출력 9-2 Data Service 객체 유형 1 활용 결과

```
Kim  Data access denied!  Data access denied!  Data access denied!
Park  Data access denied!  Data access denied!  Data access denied!
Lee  Data access denied!  Data access denied!  Data access denied!
```

[출력 9-2]를 보면 [코드 9-2] 데이터 서비스 객체는 이름을 제외하고 모두 "Data access denied!"를 출력하고 있음을 확인할 수 있다. 이와 같이 원(Original) 객체와 동일한 형태로 제한된 통제가 가능하다. 예를 들어 Name과 BirthDay 정보에 접근이 가능한 서비스 객체를 제공하는데 그냥 정보를 주는 것이 아니라 정보에 별도 처리를 가해서 출력하는 것도 가능하다. 이제 데이터 서비스객체 유형 2와 3을 만들어 보기로 하자.

코드 9-3 Data Service 객체 유형 2

```java
public class DataService2 {
  private DataAccessObject realSubject =
    new DataAccessObject();

  public String accessName(int index) {
    return "Name: " + realSubject.accessName(index);
  }
  public String accessSecInfo(int index) {
    return "Data access denied!";
  }
  public String accessBirthDay(int index) {
    return "Birthday: " + realSubject.accessBirthDay(index);
  }
  public String accessGrade(int index) {
    return "Data access denied!";
  }

  public static void main(String[] args) {
    DataService2 myOPbject = new DataService2();
    for(int i=0; i<3; i++) {
      System.out.print(myOPbject.accessName(i) + "  ");
      System.out.print(myOPbject.accessSecInfo(i) + "  ");
      System.out.print(myOPbject.accessBirthDay(i) + "  ");
      System.out.println(myOPbject.accessGrade(i));
```

```
");
            System.out.println(myOPbject.accessGrade(i));
        }
    }
}
```

출력 9-3 Data Service 객체 유형 2 활용 결과

```
Name: Kim  Data access denied!  Birthday: 2014/01/01  Data access
denied!
Name: Park  Data access denied!  Birthday: 2010/10/10  Data access
denied!
Name: Lee  Data access denied!  Birthday: 2012/12/12  Data access
denied!
```

[코드 9-3]은 데이터 서비스 유형2를 보여주고 있다. 데이터 서비스 유형2는 Name과 Birthday정보를 제공하면서, 정보의 의미를 알 수 있도록 그 정보가 무엇인지 정보 앞에 각각 "Name: "와 "Birthday: "를 출력해주고 있다. [출력 9-3] 데이터 서비스 유형3을 만들기 전에 이렇게 동일한 인터페이스를 제공하는 객체를 각기 다르게 만드는 것보다 통일된 인터페이스를 가질 수 있도록 추상 객체 또는 자바의 인터페이스 객체를 만들고 여기서 상속을 받는 것이 좋다는 것을 알 수 있을 것이다.

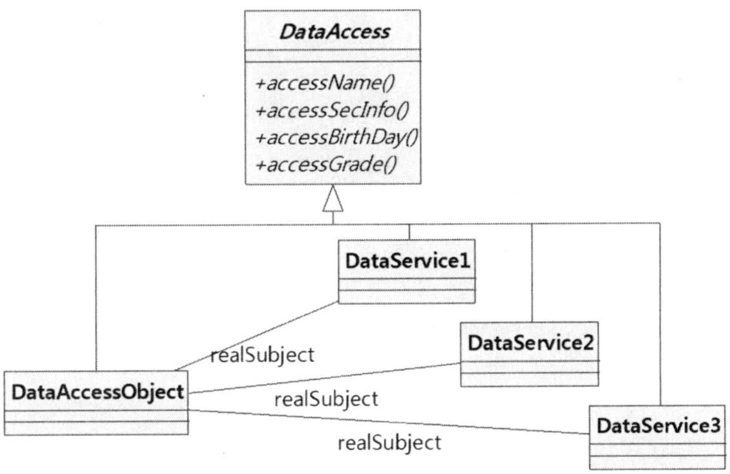

그림 9-2 데이터 접근 서비스 객체

[그림 9-2]는 상속을 이용하여 인터페이스의 통일성을 유지하는 방법을 보여주고 있다. 데이터 서비스 객체 유형 3은 [그림 9-2] 설계에 따라 구현하겠다. 먼저 DataAccess 인터페이스를 정의하고 여기에서 상속을 받아 DataService3를 만든다. DataService3객체는 모든 정보를 제공하지만 SecInfo는 암호화를 거치고 Grade는 몇 번이나 Access되는지 카운트하여 준다. (여기서는 실제 암호화를 구현하지 않고 단순한 변형으로 대치한다)

코드 9-4 Data Service 객체 유형 3

```
public interface DataAccess {
   public String accessName(int index);
   public String accessSecInfo(int index);
   public String accessBirthDay(int index);
   public String accessGrade(int index);
}

public class DataService3 implements DataAccess {
   private DataAccessObject realSubject =
      new DataAccessObject();
   private int accessCount = 0;

   private String scramble(String data) {
      String result = "@";
      for(int i=1; i<data.length(); i++) {
         result += (data.charAt(i) + i);
      }
      return result;
   }
   public String accessName(int index) {
      return realSubject.accessName(index);
   }
   public String accessSecInfo(int index) {
      String result =
         scramble(realSubject.accessSecInfo(index));
      return result;
   }
   public String accessBirthDay(int index) {
      return realSubject.accessBirthDay(index);
   }
   public String accessGrade(int index) {
```

```
        accessCount++;
        return realSubject.accessGrade(index);
    }
    public int getCount() {
        return accessCount;
    }

    public static void main(String[] args) {
        DataService3 myObject = new DataService3();
        for(int i=0; i<3; i++) {
            System.out.print(myObject.accessName(i) + "  ");
            System.out.print(myObject.accessSecInfo(i) + "  ");
            System.out.print(myObject.accessBirthDay(i) + "  ");
            System.out.println(myObject.accessGrade(i));
        }
    System.out.println("Access Count = " +
        myObject.getCount());
    }
}
```

출력 9-4 Data Service 객체 유형 3 활용 결과

```
Kim  @1059911711311011611O  2014/01/01  Good
Park  @10299120120126  2010/10/10  Best
Lee  @10299111120109127  2012/12/12  No Good
Access Count = 3
```

[코드 9-4]에서처럼 다른 객체 접근을 통제하기 위해 사전 또는 사후 작업 처리를 해주는 대리객체를 제공하는 구조를 제시하고 있는 것이 바로 Proxy Pattern이다. Proxy Pattern은 다음과 같이 정리된다.

Pattern Card Proxy Pattern

목적

다른 객체에 대한 접근을 통제할 수 있는 대리객체를 제공한다. 이렇게 하여 어떤 객체의 사용과 접근을 통제할 수 있는 구조를 만든다.

적용상황

어떤 객체를 사용하거나 접근하기 전에 꼭 수행(Pre-processing)하여야 하는 일 또는 어떤 객체를 사용한 후에 꼭 수행(Post-processing)하여야 하는 일이 있다면 사용된다.

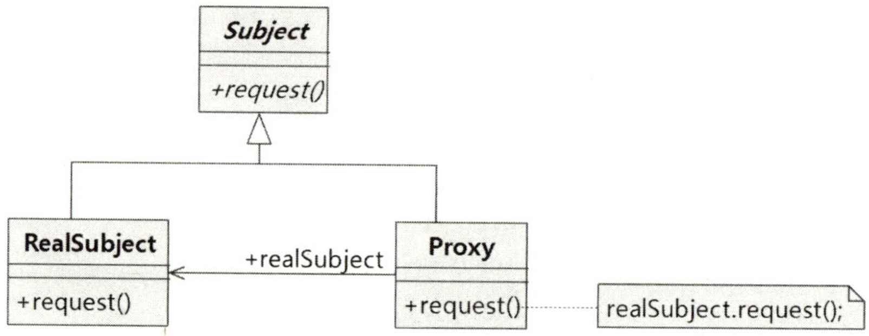

그림 9-3 Proxy Pattern

Workshop

객체 사용기록을 남겨야 하는 객체가 있다. 이 객체에는 job(), monitor() 라는 두 개의 메서드가 있다. 다음은 객체의 인터페이스 정의 이다.

```
interface Core {
   public int job();
   public void monitor();
}
```

남겨야 할 기록은 언제 어느 메서드가 호출되었고 언제 작업이 끝났는지 이다. 여기에서는 아주 간단한 TheCore라는 객체가 아래와 같이 주어져 있고 이 TheCore의 사용기록을 남겨야 한다고 가정한다.

```
class TheCore implements Core {
   public int job() {
Random rd = new Random();
int count = rd.nextInt(100);
for(int i=0; i<count; i++) { }
return count;
   }
   public void monitor() {
for(int i=0; i<50; i++) { }
   }
```

Step 1 위에 주어진 TheCore객체를 대리하면서 로그 기록을 남기는 Illusion 객체를 만들고 Illution 사용 예를 간단히 제시하라.

연습문제

1. Proxy Pattern이 무엇인지 설명하라.

2. 빈칸을 채우시오.

> Proxy Pattern은 다른 객체에 대한 (　　)을 통제할 수 있는 (　　)를 제공하여 어떤 객체의 (　　)과 (　　)을 통제할 수 있는 구조를 만든다.

3. 빈칸을 채우시오.

> Proxy Pattern은 클라이언트로 하여금 컴포넌트(　　)가 아니라 컴포넌트의 (　)와 통신을 한다. Proxy라고 불리는 이 대리 객체는 컴포넌트에 대한 (　)를 제공한다.

4. Decorator Pattern과 Proxy Pattern은 한 객체를 다른 객체로 감싸는데 공통점이 있다. 이 둘의 차이점을 논하시오.

5. Adapter Pattern과 Proxy Pattern의 공통점과 차이점을 설명하시오

6. Proxy Pattern은 사용되는 성격에 따라 여러 종류로 구분해 볼 수 있다. 어떤 종류가 가능할지 생각해 보시오.

7. Proxy Pattern을 사용하였을 때의 장단점을 논하시오.

Workshop Answer

```
Step 1:
public class Illusion implements Core {
private Core theCore = new TheCore();

public int job() {
SimpleDateFormat sdf = new SimpleDateFormat("H:mm:ss");
System.out.println("The Core job() start: "
+ sdf.format(new Date()));
int forward = theCore.job();
System.out.println("The Core job() end: "
+ sdf.format(new Date()));
return forward;
}
public void monitor() {
SimpleDateFormat sdf = new SimpleDateFormat("H:mm:ss");
System.out.println("The Core monitor() start: "
+ sdf.format(new Date()));
theCore.monitor();
System.out.println("The Core monitor() end: "
+ sdf.format(new Date()));
}

public static void main(String[] args) {
Core here = new Illusion();
here.job();
here.monitor();
}
}
```

구조 패턴 요약 카드

Pattern Card Adapter Pattern

목적

내용상으로는 쓸 수 있는 객체이지만 인터페이스의 차이로 인해 달리 같이 쓸 방법이 없는 객체를, 개선된 인터페이스로 같이 쓸 수 있도록 구조화한다.

적용상황

현재 사용되고 있으나 그 내력을 잘 모르는 라이브러리 또는 객체를 사용해야 할 때, 또는 객체의 조그만 차이로 인해 이를 수정하여 사용하고자 할 때 Adapter Pattern을 적용한다.

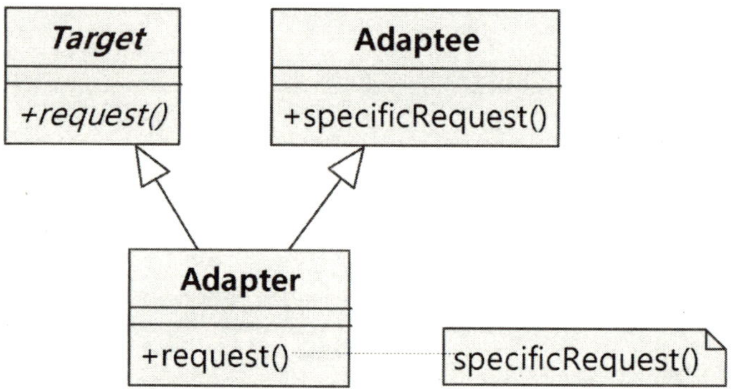

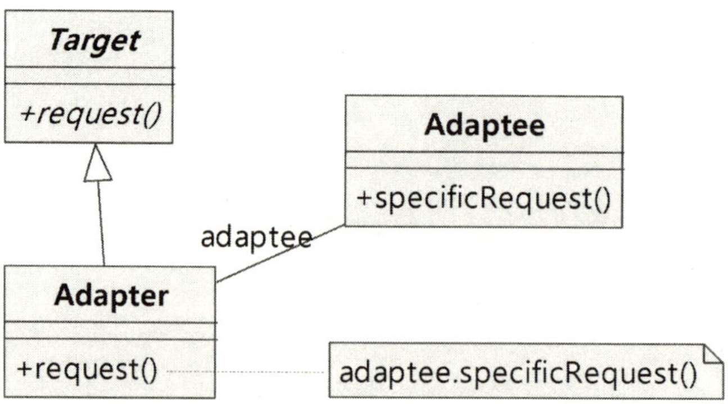

Pattern Card Composition Pattern

목적

여러 객체로 이루어지는 구조를 다시 포함하는 구조를 만들 수 있게 객체 구성을 트리 형태로 구조화한다. 이렇게 하여 하나의 객체나 구조화된 객체가 동일하게 다루어질 수 있다.

적용상황

어떤 객체가 여러 객체로 구성될 수 있을 때 이들을 동일한 방법으로 다루고자 한다면 Composition Pattern을 적용하여야 한다. 예를 들어 많은 그래픽 응용프로그램에서 어떤 도형 안에 다른 도형을 그리거나 문자를 써넣고 싶을 때, 이들 도형을 다시 다른 도형 안에 집어넣고 싶을 때 사용된다.

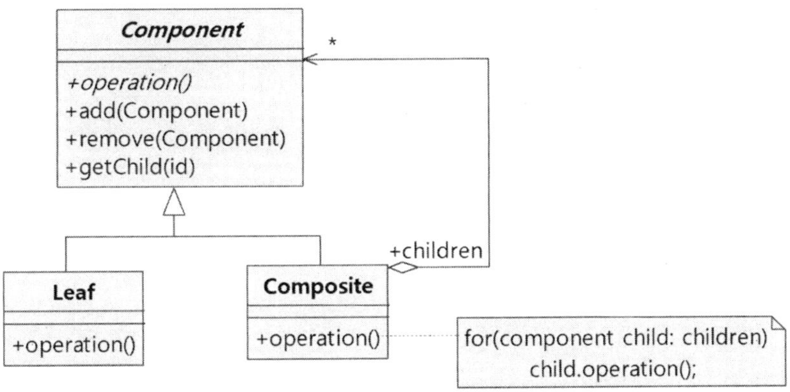

Pattern Card Decorator Pattern

목적

객체에 새로운 기능 또는 의무사항을 동적으로 추가할 수 있는 구조를 만든다. 확장기능은 상속을 통해 자유롭게 추가된다.

적용상황

어떤 일을 수행할 때마다 다른 부수적인 일을 꼭 수행하여야만 하는 경우 또는 다른 일들을 조합해서 하나의 새로운 일을 만들어내야 하는 경우 적용된다.

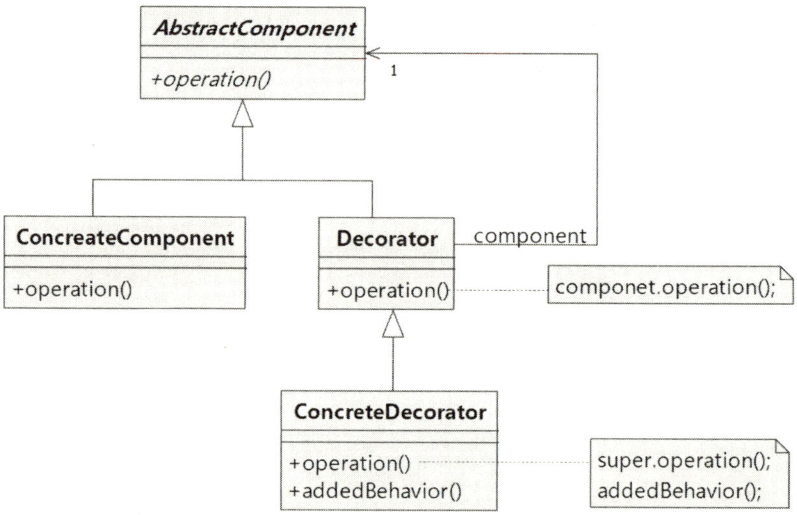

Pattern Card Proxy Pattern

목적

다른 객체에 대한 접근을 통제할 수 있는 대리객체를 제공한다. 이렇게 하여 어떤 객체의 사용과 접근을 통제할 수 있는 구조를 만든다.

적용상황

어떤 객체를 사용하거나 접근하기 전에 꼭 수행(Pre-processing)하여야 하는 일 또는 어떤 객체를 사용한 후에 꼭 수행(Post-processing)하여야 하는 일이 있다면 사용된다.

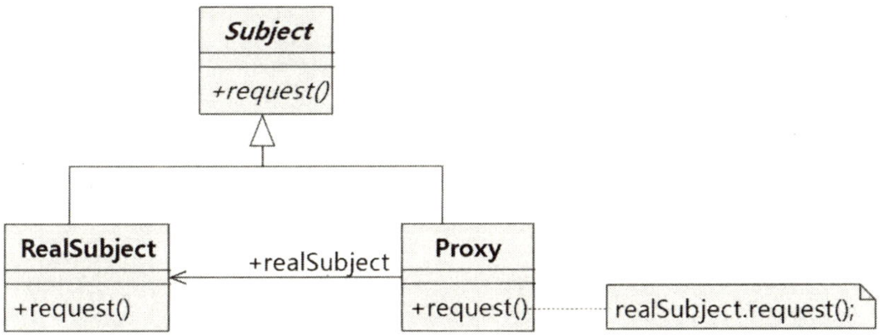

행위패턴 – 객체 협력 작업의 분할

10 Observer Pattern

보통 어떤 일을 처리하기 위하여 프로그램을 작성하다 보면 범용적 형태를 띠는 작업들이 나타난다. 이러한 작업들은 여러 객체의 협력으로 처리된다. 객체간의 협력 또는 업무의 분할 방식은 프로그램을 좀 더 매끄럽게 끝낼 수 있게 하기도 하고 오히려 일이 꼬이는 결과를 낳게 된다.

행위패턴은 이런 범용적 형태의 작업을 프로그램 할 때 객체간의 협력과 업무분할에 관한 객체 구성을 다룬다. 예를 들어 협력관계를 가지고 있는 여러 객체 구성 속에서 한 객체의 변화를 여러 객체들이 참조하는 경우가 발생할 수 있다. 이러한 문제는 해결 방법으로 여러 가지를 생각할 수 있다. 변화를 참조하는 객체들이 지속적으로 한 객체의 변화를 살필 수도 있고, 변화하는 한 객체가 참조하는 객체들에게 통보하는 방법도 있다.

간단한 예제를 만들어 보자 'DataCenter'라는 객체는 자신의 상태값을 가지는 간단한 객체이다. 이 객체는 자신의 상태를 공개하고 변경하는 기본 getter와 setter 메서드를 가진다.

코드 10-1 DataCenter객체

```
public class DataCenter {
   private int dataSource;

   public int getDataSource() {
      return dataSource;
   }
   public void setDataSource(int dataSource) {
      this.dataSource = dataSource;
   }
}
```

[코드 10-1]에서 볼 수 있듯이 'DataCenter' 객체는 기본 자료만을 가지고 있는 객체이다. 일반적으로 특정 자료를 관리하는 목적을 가진 객체는 다른 객체와 상관없이 자신이 관리하는 자료하고만 관련을 가진다. 예컨대 센서 데이터를 받는 객체와 같이 자료를 생산하는 임베디드 시스템 관련 객체가 모두 여기에 속한다.

이제 다른 객체들을 생각해 보기로 하겠다. 'Warning'이라는 객체는 [코드 10-1]의 dataSource의 값이 100이상이 되면 경고를 내보내는 객체이고 'Machine'이라는 객체는 dataSource의 값이 40~90일 때 작동을 하는 객체라고 하자. 여기에서는 특별한 경고 방법이나 작동 방법이 없으므로 단순히 경고 메시지를 프린트하고 작동하고 있다는 메시지를 프린트하는 객체로 만들어 보겠다.

코드 10-2 Warning 와 Machine 객체

```
public class Warning {
  private DataCenter dataSource;
  private Boolean warning = false;

  Warning(DataCenter source) {
    dataSource = source;
  }
  public void working() {
    if(warning) {
      System.out.println("Warning! Stop The System.");
    }
    else if(dataSource.getDataSource() >= 100) {
        warning = true;
    }
  }
}

public class Machine {
  private DataCenter dataSource;

  Machine(DataCenter source) {
    dataSource = source;
  }
  public void working() {
System.out.println("This system is working now.");
```

```
    }
    public void controller() {
        int source = dataSource.getDataSource()
if(source > 40 && source < 90) working();
}
}
```

[코드 10-2]의 'Warning'과 'Machine' 객체는 능동 객체(Active Object)가 아니기 때문에 다른 객체에서 메시지를 보내 작동을 유발시켜야 한다. [코드 10-3]은 두 개의 객체를 생성하고 활용한 예이다. 그 결과가 [출력 10-3]에 나와 있다.

코드 10-3 Warning 와 Machine 객체의 활용

```
public static void main(String[] args) {
    DataCenter here = new DataCenter();
    Warning task1 = new Warning(here);
    Machine task2 = new Machine(here);

    for(int i=10; i<120; i+=5 ) {
        here.setDataSource(i);
        System.out.format("%d.", here.getDataSource(i))
        task1.working();
        task2.controller();
    }
}
```

출력 10-3

```
10.15.20.25.30.35.40.45.This system is working now.
50.This system is working now.
55.This system is working now.
60.This system is working now.
65.This system is working now.
70.This system is working now.
75.This system is working now.
80.This system is working now.
85.This system is working now.
90.95.100.105.Warning! Stop The System.
110.Warning! Stop The System
115.Warning! Stop The System.
```

[코드 10-3]을 보면 결국 main()에서 각 객체의 관계를 관장해주어야 하므로 결국 객체의 행위에 대한 책임을 main()이 지게 된다. 따라서 이런 형태를 벗어나기 위해서는 능동 객체 형태를 띠기 위해 Thread를 사용하여 관계 관리를 정리해볼 수 있다.

코드 10-4 능동 Warning 와 Machine 객체

```
public class Warning implements Runnable {
  private DataCenter dataSource;
  private Boolean warning = false;
  private Boolean alive = true;

  Warning(DataCenter source) {
    dataSource = source;
  }
  public void stop() {
    alive = false;
  }
  @Override
  public void run() {
    while(alive) {
      if(warning) {
        System.out.println("Warning! Stop The System.");
      }
      else if(dataSource.getDataSource() >= 100) {
        warning = true;
      }
    }
  }
}

public class Machine implements Runnable {
  private DataCenter dataSource;
  private Boolean alive = true;

  Machine(DataCenter source) {
    dataSource = source;
  }
  public void stop() {
    alive = false;
  }
```

```
    public void working() {
        System.out.println("This system is working now.");
    }
    @Override
    public void run() {
        while(alive) {
            int source = dataSource.getDataSource();
            if(source > 40 && source < 90) working();
        }
    }
}
```

[코드 10-4]의 Thread와 Runnable에 대해서 익숙하지 않은 사람은 먼저 자바 쓰레드 프로그래밍을 살펴보기 바란다. 이제 이 객체들을 사용하기 위한 간단한 실행 프로그램을 만들어 보자. 쓰레드를 작동시키면 각 코드는 독립적으로 움직인다고 생각해야 한다.

코드 10-5 쓰레드를 이용한 객체 활성화

```
public static void main(String[] args) {
    DataCenter here = new DataCenter();
    Warning task1 = new Warning(here);
    Thread t1 = new Thread(task1);
    Machine task2 = new Machine(here);
    Thread t2 = new Thread(task2);
    t1.start();
    t2.start();
    for(int i=10; i<120; i+=5 ) {
        here.setDataSource(i);
        System.out.format("%d.", here.getDataSource());
        for(int j=0; j<210; j++) { }
    }
    task1.stop();
    task2.stop();
}
```

출력 10-5

```
1 10.15.20.25.30.35.40.45.50.This system is working now.
2 This system is working now.
3 <<동일 내용 생략>>
4 55.60.65.70.75.80.85.This system is working now.
5 90.95.100.Warning! Stop The System.
6 Warning! Stop The System.
7 <<동일 내용 생략>>
8 105.110.115.Warning! Stop The System.
```

[코드 10-5] 줄 4와 6에서 Runnable을 구현한 'Warning'과 'Machine' 객체를 쓰레드로 변환하여 줄 7, 8에서 쓰레드를 가동하였다. [출력 10-5]의 줄 1을 살펴보면 객체 값이 40을 지난 이후 45, 50으로 변하여도 바로 'Machine'객체가 작동하지 않았는데 이는 이 프로그램을 수행한 컴퓨터가 단일 프로세서 하에서 Time Slicing을 하였기 때문에 발생한 것으로 보인다. [코드 10-5] 줄 12의 아무 일도 안 하는 loop를 조정하여 제어할 수 있다. [출력 10-5] 줄 4, 5을 살펴보아도 동일 현상이 나타난다. 이렇게 해서 자료를 참조하는 객체들이 자료를 가지고 있는 객체를 지속적으로 살피는 방법(pooling)을 살펴보았다.

다음으로 자료를 가지는 'DataCenter'객체에서 변화가 생길 때마다 다른 객체들에게 통보하는 방식을 살펴보기로 하자. 이렇게 하려면 먼저 'DataCenter'에서는 자신의 변화를 통보해야 하는 객체 리스트를 관리해야 한다. 또한 'Warning'과 'Machine' 객체에도 변화를 통보받는 통일된 메서드를 가지고 있어야 한다. 'DataCenter'가 관리할 리스트를 위해서도 변화를 통보받는 통일된 메서드를 인터페이스로 제공하여 관리하는 것이 편리하다.

코드 10-6 Observer 인터페이스

```
public interface Observer {
   public void update();
}
```

[코드 10-6]은 간단한 인터페이스이지만 이를 이용하면 두 가지 좋은 점이 생긴다. 먼저 'DataCenter'에서 변화에 대한 통보를 받아야 하는 모든 객체들이

Observer를 상속 받는다고 가정하면 통보 객체 리스트 관리가 용이해진다. 또한 각 통보 객체는 변화를 통보받는 update() 메서드를 구현하여야만 하기 때문에 Observer는 간단히 update() 메시지를 각 객체에 전달함으로써 자신의 변화 통보를 마칠 수 있다. 자 이제 [코드 10-6]에 정의된 Observer 인터페이스를 사용하여 'DataCenter'를 수정하여 보자.

코드 10-7 수정된 DataCenter

```
1  public class DataCenter {
2     private int dataSource;
3     private ArrayList<Observer> observers
   = new ArrayList<Observer>();

4     public int getDataSource() {
5        return dataSource;
6     }
7     public void setDataSource(int dataSource) {
8        this.dataSource = dataSource;
9        sendNotice();
10    }
11    public void addObserver(Observer ob) {
12       observers.add(ob);
13    }
14    public void sendNotice() {
15       for(Observer ob: observers) {
16          ob.update();
17       }
18    }
19 }
```

[코드 10-7]의 줄 3과 줄 11~18이 새로 추가된 줄이다. 여기서 줄 11의 addObserver()는 통보 객체를 등록하기 위한 메서드이며 줄 14의 sendNotice()는 각 통보 객체에 자신의 변화를 알리는 메서드이다. 이제 'Warning'과 'Machine' 객체를 수정하자.

코드 10-8 Warning과 Machine 객체의 수정

```
public class Warning implements Observer {
   private DataCenter dataSource;
   private Boolean warning = false;

   Warning(DataCenter source) {
      dataSource = source;
   }
   @Override
   public void update() {
      if(warning) {
         System.out.println("Warning! Stop The System.");
      }
      else if(dataSource.getDataSource() >= 100) {
         warning = true;
      }
   }
}

public class Machine implements Observer {
   private DataCenter dataSource;

   Machine(DataCenter source) {
      dataSource = source;
   }
   public void working() {
      System.out.println("This system is working now.");
   }
   @Override
   public void update() {
      int source = dataSource.getDataSource();
      if(source > 40 && source < 90) working();
   }
}
```

[코드 10-8]을 보면 [코드 10-4]에 비하여 많이 간소화 되었다는 느낌이 날 것이다. 실제로 객체의 능동 객체로서 작동하기 위한 쓰레드 관리책임이 줄어들었기 때문에 코드는 좀 더 단순해졌다. 이제 변화된 코드를 동작시켜보자.

코드 10-9 수정된 객체 활성화

```
public static void main(String[] args) {
  DataCenter here = new DataCenter();
  Observer task1 = new Warning(here);
  here.addObserver(task1);
  Observer task2 = new Machine(here);
  here.addObserver(task2);
  for(int i=10; i<120; i+=5 ) {
    System.out.format("%d.", i);
    here.setDataSource(i);
  }
}
```

출력 10-9

```
10.15.20.25.30.35.40.45.This system is working now.
50.This system is working now.
55.This system is working now.
60.This system is working now.
65.This system is working now.
70.This system is working now.
75.This system is working now.
80.This system is working now.
85.This system is working now.
90.95.100.105.Warning! Stop The System.
110.Warning! Stop The System.
115.Warning! Stop The System.
```

[출력 10-9]를 살펴보면 원하는 동작이 이루어지고 있음을 확인할 수 있다. [코드 10-3]과 [코드 10-5] 그리고 [코드 10-9]를 비교해 보면 각 객체의 관계를 설정하는 선언부를 제외하고 for 루프에서 주된 작업이 이루어진다. [코드 10-3]은 객체간의 관계를 main()에서 관리하고 있어 [코드 10-5]와 [코드 10-9]에 비해 for 루프 안에서 수행해야 할 책임이 많고 알아야 할 내용이 많다. 하지만 [코드 10-5]와 [코드 10-9]는 객체 선언 이후 for 루프 안에서는 자료 값의 변화만을 반영하고 있을 뿐이어서 단순하다. 또한 [코드 10-5]와 [코드 10-9]를 비교하면 [코드 10-5]를 위해서는 [코드 10-4]와 같은 고려가 필요하고 [코드 10-9]를 위해서는 [코드 10-7]과 [코드 10-8]의 고려가 필요하다.

따라서 [코드 10-7], [코드 10-8] 그리고 [코드 10-9]와 같은 구현이 보다 단순하고 직접적인 객체 통보 행위를 구현하여 여러 객체 구성 속에서 한 객체의 변화를 여러 객체들이 참조하는 경우에 대응할 수 있도록 만들 수 있다. 이렇게 객체 통보 행위를 구현하는 것을 Observer Pattern이라 하며 [코드 10-7]의 'Data-Center'에서 통보 객체 관리부분을 별도로 뽑아내어 추상객체로 제공하기도 한다. 자바에서는 Observer와 Observable이라는 인터페이스로 제공해 준다. 따라서 모든 코드의 구현은 개발자의 몫이다.

Pattern Card Observer Pattern

목적

한 객체의 변화를 다른 객체들이 감지하여 그 변화에 따른 대응을 하여야 하는 경우를 다루는 일 대 다의 객체 관계를 정의할 수 있게 한다.

적용상황

어떤 일이 벌어졌을 때 그 일이 발생한 것을 알아야 할 객체가 여러 개 있을 때 또는 앞으로 그러한 객체들이 추가될 수 있을 때 사용된다.

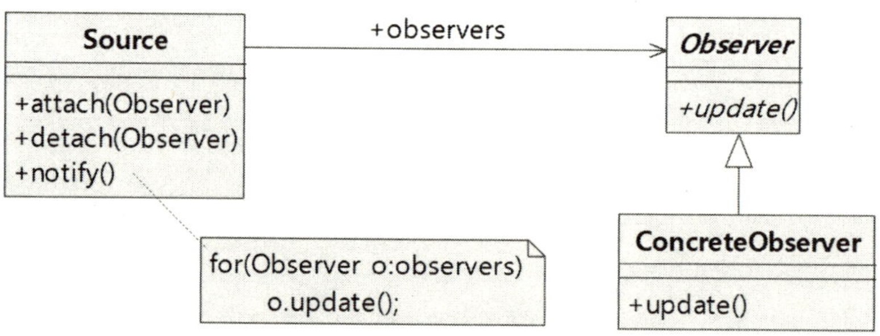

그림 10-1 Observer Pattern

Workshop

현재 섭씨온도와 화씨온도를 알려주는 getCelsius() 메서드와 getFahrenheit() 메서드 그리고 온도 변환을 알리는 notify() 메서드를 제공하는 날씨 서비스 객체 Temperature를 만들려고 한다. 이 객체를 좀 더 유연하게 사용하기 위해 Java에서 제공하는 Observer와 Observable를 사용하여 구현하려고 한다.
주) 여기서는 실제 온도 서비스를 제공할 수 없으므로 온도 설정 setTemprature(int fahrenheit)메서드를 만들고 이 메서드가 호출되면 온도 설정 후 온도 변환 notify() 메서드를 호출하기로 한다.

Step 1 다음에 제공되는 [그림 10-2]의 Observable을 상속받아 Temperature객체를 만들어라.

Step 2 [그림 10-3]의 Observer를 상속받아 섭씨온도를 텍스트로 찍어주는 DisplayC와 화씨온도를 텍스트로 찍어주는 DisplayF를 만들고 이들 동작을 Temperature객체의 setTemprature(int fahrenheit) 메서드를 호출하여 확인하는 코드를 작성하라

Step 3 현재까지의 코드에 덧붙여 [그림 10-3]의 Observer를 상속받아 DisplayG라는 객체를 만들어 추가하라. DisplayG는 섭씨온도10도 마다 "*"를 1도마다. "/"을 찍어주는 객체이다. 예를 들어 25도는 "**/////"로 표시된다.

java.util

Class Observable

java.lang.Object
└ **java.util.Observable**

Constructor Summary
`Observable()` Construct an Observable with zero Observers.

Method Summary	
void	`addObserver(Observer o)` Adds an observer to the set of observers for this object, provided that it is not the same as some observer already in the set.
protected void	`clearChanged()` Indicates that this object has no longer changed, or that it has already notified all of its observers of its most recent change, so that the `hasChanged` method will now return `false`.
int	`countObservers()` Returns the number of observers of this `Observable` object.
void	`deleteObserver(Observer o)` Deletes an observer from the set of observers of this object.
void	`deleteObservers()` Clears the observer list so that this object no longer has any observers.
boolean	`hasChanged()` Tests if this object has changed.
void	`notifyObservers()` If this object has changed, as indicated by the `hasChanged` method, then notify all of its observers and then call the `clearChanged` method to indicate that this object has no longer changed.
void	`notifyObservers(Object arg)` If this object has changed, as indicated by the `hasChanged` method, then notify all of its observers and then call the `clearChanged` method to indicate that this object has no longer changed.
protected void	`setChanged()` Marks this `Observable` object as having been changed; the `hasChanged` method will now return `true`.

그림 10-2 java의 Observable

java.util

Interface Observer

`public interface Observer`

Method Summary

void	**update**(Observable o, Object arg) This method is called whenever the observed object is changed.

Method Detail

update

```
void update(Observable o,
            Object arg)
```

This method is called whenever the observed object is changed. An application calls an `Observable` object's `notifyObservers` method to have all the object's observers notified of the change.

그림 10-3 java의 Observer

연습문제

1. 옵저버패턴의 장점을 논하시오

2. 옵저버패턴에대한 아래의 질문을 답하시오.
   1) 옵저버 패턴에서 옵저버들이 필요시에 데이터를 직접 가져오지 않게 하게 되면 생기는 문제점은?
   2) 옵저버 패턴에서 옵저버들에게 값을 보낼 때 주제에 public으로 선언된 getter메서드를 사용하게되면 생기는 문제점은?
   3) 옵저버 패턴에서 주제에서 옵저버들에게 값을 모두 넘겨 줄 때 생기는 문제점은?
   4) 위의 문제를 보고 주제의 값을 가져오는 2가지 방법(Pull&Push)의 장단점을 서술하시오.

3. 옵저버 패턴이 사용된 예를 찾아보시오.

4. [코드 10-7]의 DataCenter에 Ready라는 옵저버를 추가하여 보시오.(Ready는 객체값이 40보다 작을 때 실행되며, "System is ready"를 출력 한다.)

5. [코드 10-7] DataCenter에 getter를 사용하지 않고 옵저버에게 값을 모두 전달하도록 수정하시오.(힌트 update문을 사용할 때 주제의 값들을 매개변수로 사용)

Workshop Answer

```
Step 1:
class Temperature extends Observable {
   private int temperature;

   public void setTemperature(int temperature) {
      this.temperature = temperature;
      this.setChanged();
      this.notifyObservers();
   }
   public int getgetFahrenheit() {
      return temperature;
   }
   public int getCelsius() {
      return (int)((temperature - 32) / 1.8);
   }
}

Step 2:
class DisplayC implements Observer {
   private Temperature dataSource;
   DisplayC(Temperature source) {
      this.dataSource = source;
      this.dataSource.addObserver(this);
   }
   @Override
   public void update(Observable arg0, Object arg1) {
      this.print();
   }
   private void print() {
      System.out.println("Degree C: "+this.dataSource.getCelsius());
   }
}
```

```
class DisplayF implements Observer {
   private Temperature dataSource;
   DisplayF(Temperature source) {
      this.dataSource = source;
      this.dataSource.addObserver(this);
   }
   @Override
   public void update(Observable arg0, Object arg1) {
      this.print();
   }
   private void print() {
      System.out.println("Degree F: " +
this.dataSource.getgetFahrenheit());
   }
}

public static void main(String[] args) {
   Temperature dataCenter = new Temperature();
   Observer dataTerminal1 = new DisplayC(dataCenter);
   Observer dataTerminal2 = new DisplayF(dataCenter);

   dataCenter.setTemperature(100);
}
```

Step 3:

```
class DisplayG implements Observer {
   private Temperature dataSource;
   DisplayG(Temperature source) {
      this.dataSource = source;
      this.dataSource.addObserver(this);
   }
   @Override
   public void update(Observable arg0, Object arg1) {
      this.print();
   }
   private void print() {
      int temperature = this.dataSource.getCelsius();
      if(temperature < 0) {
         System.out.print("-");
```

```
            temperature = - temperature;
        }

        int aCount = temperature / 10;
        int sCount = temperature % 10;

        for(int i=0; i<aCount; i++) {
            System.out.print("*");
        }
        for(int i=0; i<sCount; i++) {
            System.out.print("/");
        }
        System.out.println();
    }
}

public static void main(String[] args) {
    Temperature dataCenter = new Temperature();
    Observer dataTerminal1 = new DisplayC(dataCenter);
    Observer dataTerminal2 = new DisplayF(dataCenter);
    Observer dataTerminal3 = new DisplayG(dataCenter);

    dataCenter.setTemperature(100);
}
```

행위패턴 - 객체 협력 작업의 분할

11 Strategy Pattern

1장에서 생성자의 한계를 다루면서 객체가 시간에 따라 변하는 것에 대해 살펴보았다. 직원이 평사원으로 들어와 대리에서 과장으로 승진해가는 문제를 2장에서 다루었다. 1장과 2장에서는 객체가 바뀌어가는 것을 보았다면 이제 하나의 객체가 다른 종류의 행동 양식을 가지는 것에 대하여 살펴보려고 한다. 즉 같은 객체에 동일 동작을 위해 다른 알고리즘을 적용할 수 있게 하는 것을 다루어 보겠다. 쉽게 예를 들어보자면 개구리는 어려서 올챙이로 사는 동안 물고기와 같이 헤엄치지만 개구리가 되면 개구리 헤엄을 친다. 이를 해결하기 위해 개구리 객체 안에 두 개의 메서드를 두고 개구리의 성장에 따라 다른 메서드를 사용하게 할 수 있을 것이다.

코드 11-1 개구리와 올챙이

```
public class Frog {
   final static int AdultFrog = 1;
   final static int Tadpole = 2;
   private int state = Frog.Tadpole;

   public void growUp() {
      state = Frog.AdultFrog;
   }
   public void swim() {
      if(state == Frog.AdultFrog) breaststroke();
      if(state == Frog.Tadpole) fishLike();
   }
   private void breaststroke() {
      System.out.println("개구리 헤엄");
   }
```

```
    private void fishLike() {
        System.out.println("물고기 헤엄");
    }

    public static void main(String[] args) {
        Frog bigEye = new Frog();
        bigEye.swim();
        bigEye.growUp();
        bigEye.swim();
    }
}
```

출력 11-1

```
물고기 헤엄
개구리 헤엄
```

[코드 11-1]은 개구리가 올챙이에서 성장하면서 수영방법이 바뀌는 것을 구현해 본 것이다. 잘 작동하는 것으로 보인다. 하지만 이와 같은 구현은 보다 강한 확장성이 필요한 경우에 사용하기 힘들다. 유사한 문제로 정렬(Sorting) 프로그램을 생각해 보자. 정렬에는 여러 가지 방법이 있다. 버블 정렬, 쉘 정렬, 퀵 정렬 등이 그것이다. 비교적 작은 데이터 양이라면 버블 정렬 방법이 가장 빠르다. 하지만 데이터 양이 어느 정도 커지면 퀵 정렬 등이 보다 빠르게 반응한다. 그러므로 데이터 양에 따라 정렬 방법을 바꾸는 것이 필요하다.

데이터의 양에 따라서 정렬 방법을 바꾸는 프로그램을 작성해야 하는 상황을 고려해 보자. 앞서 살펴본 개구리와 올챙이 경우와 유사하므로 [코드 11-1]과 동일한 방법을 적용해 볼 수 있을 것이다. 하지만 이번에는 정렬 방법이 여러 가지이고 나중에 또 새로운 정렬 방법을 추가할 가능성도 있어 한 개의 객체에 모든 것을 집어넣는 것은 매우 위험하고 앞으로 변경이 생길 때마다 객체를 수정해야 하는 위험이 있다. 따라서 정렬 방법을 다루는 별도의 객체를 만들고 이를 이용하는 방법이 요구된다. 먼저 정렬을 독립적으로 정리해보면 [그림 11-1]과 같이 상속관계를 구성할 수 있다.

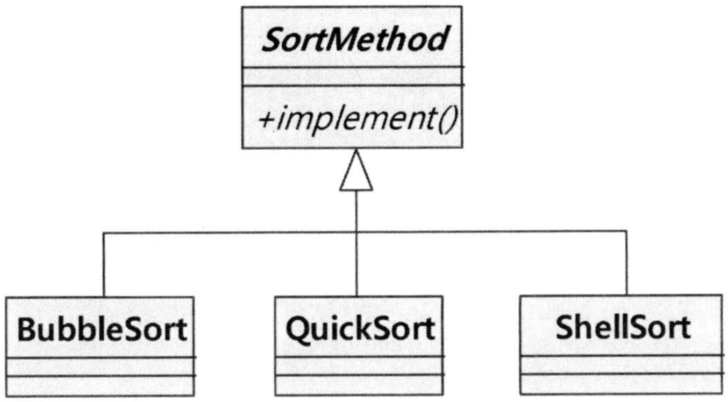

그림 11-1 정렬 방법

[그림 11-1]과 같이 정렬 방법을 정리하고 보면 정렬 방법을 바꾸는 프로그램에서는 이 구조를 그대로 이용하면서 정렬 방법을 바꾸고 싶을 때 정렬 방법을 가지는 객체 자체를 바꾸어줌으로써 원하는 목표를 달성할 수 있다.

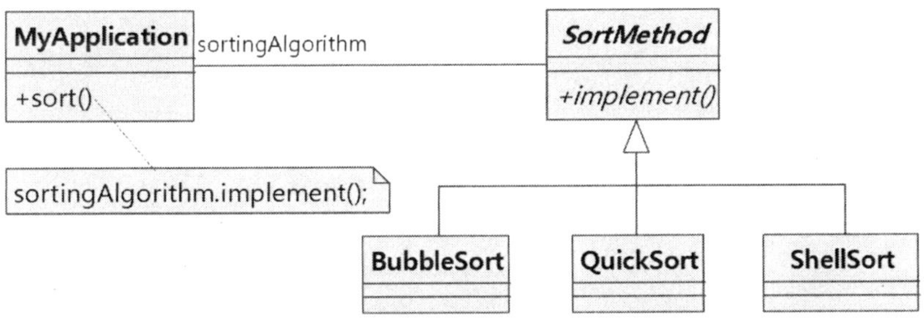

그림 11-2 정렬 방법 교환 가능 객체

[그림 11-2]는 [그림 11-1]에서 본 정렬 방법의 상속 관계를 그대로 이용하여 정렬 방법을 바꾸는 객체를 설계해 보았다. MyApplication의 sort()메서드는 항상 sortingAlgorithm의 implement()메서드 만을 사용하고 sortingAlgoritm의 참조를 바꿈으로써 정렬 방법을 바꾸는 구조이다. 이해를 돕기위해 개구리와 올챙이 문제에도 동일한 방법을 적용시켜 보겠다.

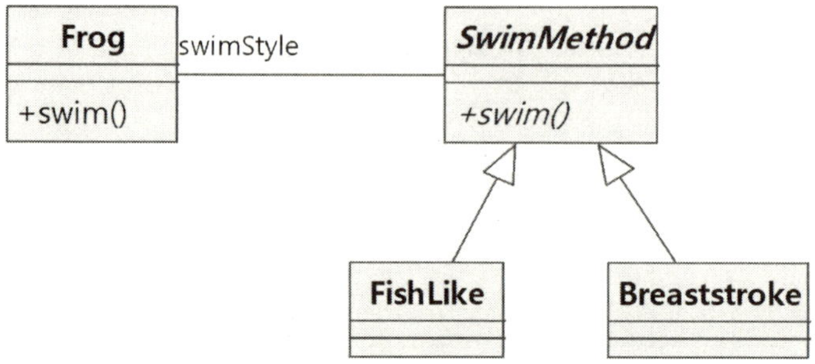

그림 11-3 개구리의 수영

[그림 11-2]와 [그림 11-3]을 살펴보면 쉽게 대응관계를 알 수 있다. MyApplication이 Frog와 대응하며 SortMethod가 SwimMethod와 대응된다. 물론 참조를 위한 이름도 sortingAlgorithm과 swimStyle이 대응된다. 이제 [그림 11-3]을 코드로 구현해 보겠다. 먼저 SwimMethod 인터페이스를 정의한다.

코드 11-2 개구리의 수영방법 변화

```
public interface SwimMethod {
   public void swim();
}

public class FishLike implements SwimMethod {
   @Override
   public void swim() {
      System.out.println("물고기 헤엄");
   }
}

public class Breaststroke implements SwimMethod {
   @Override
   public void swim() {
      System.out.println("개구리 헤엄");
   }
}

public class Frog {
   final static int AdultFrog = 1;
   final static int Tadpole = 2;
```

```
    private int state = Frog.Tadpole;
    private SwimMethod swimStyle = new FishLike();

    public void growUp() {
       state = Frog.AdultFrog;
       swimStyle = new Breaststroke();
    }
    public void swim() {
       swimStyle.swim();
    }

    public static void main(String[] args) {
       Frog bigEye = new Frog();
       bigEye.swim();
       bigEye.growUp();
       bigEye.swim();
    }
}
```

출력 11-2

```
물고기 헤엄
개구리 헤엄
```

[코드 11-2]와 같은 변화는 이제 새로운 수영방법이 나타난다고 해도 'Frog'객체에 수정 없이 추가할 수 있다. 물론 개구리가 또 다른 수영방법을 개발할 가능성도 이를 구현해야 할 필요도 없겠지만 [그림 11-2]에서 살펴본 정렬 방법의 예는 새로운 정렬 방법이 개발될 수도 있고 새로 개발하여 기존 정렬 방법을 대치하는 요구도 나타날 수 있다. 여기서는 각종 정렬 방법을 프로그램으로 작성하지는 않을 것이다. 대신 불완전한 코드이지만 [코드 11-3]에서 그 형태를 제시하였다. [코드 11-2] 개구리 예를 비교하며 살펴보면 쉽게 이해가 될 것이다.

코드 11-2 정렬 방법 교환(불완전)

```
public interface SortMethod {
   public void implement(dataArray);
}

public class BubbleSort implements SortMethod {
   @Override
```

```
    public void implement (dataArray) {
        // 버블 솔트 구현
    }
}

public class QuickSort implements SortMethod {
    @Override
    public void implement(dataArray) {
        // 퀵 정렬 구현
    }
}

// + 기타 여러 정렬 방법 구현

public class MyApplication {
private SortMethod sortAlgorithm

    public void sort() {
        if(dataSize > THREAD)
 sortAlgorithm = new QuickSort();
else sortAlgorithm = new BubbleSort();
        sortAlgorithm.implement(dataArray);
    }
}
```

이렇게 객체의 행동 양식을 바꾸는 예는 많이 있다. 통신을 할 때 통신 방식을 바꾸는 경우도 대표적인 경우이다. 객체의 행동 양식을 바꾸어 간다는 것은 그 행동 양식을 구현하는 알고리즘의 변경을 의미한다. 따라서 객체의 행동 양식이 바뀌는 프로그램에서는 그 행동 양식을 결정하는 알고리즘을 별도의 객체 상속관계로 구성하고 이를 이용하는 방법을 사용한다. 이와 같은 것을 정리하여 놓은 것이 바로 Strategy Pattern이다. Strategy Pattern은 아마도 여러 패턴 중 가장 많이 사용되는 패턴 중 하나일 것이다. 따라서 이 패턴을 잘 익혀놓는 것이 중요하다.

Pattern Card Strategy Pattern

목적

외부에서 알 수 없도록 다양한 알고리즘을 캡슐화하여 바꾸어가면서 사용할 수 있게 만든다. 각 알고리즘은 서로 대체가 가능하며 나아가 독립적인 추가나 변형이 가능하다.

적용상황

여러 개의 알고리즘 또는 비즈니스 룰이 적용가능하며, 이를 동적으로 바꾸어야 할 경우 또는 새로운 알고리즘이나 비즈니스 룰이 도입될 수 있을 때 이를 수용하기 위해 사용된다.

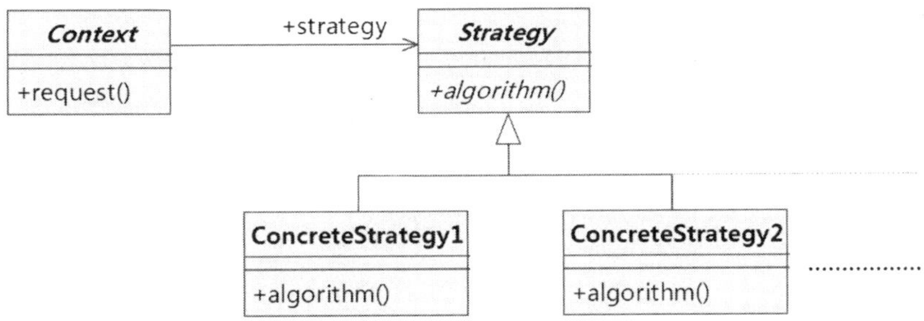

그림 11-4 Strategy Pattern

Workshop

Step 1 on(), off() 메서드를 가지는 Engine 인터페이스를 작성하라.

Step 2 Engine을 상속받아 PowerfulEngine 객체를 만들라.
PowerfulEngine의 on()을 수행하면 "잘 돌아간다!"라는 문자를 찍어주고, PowerfulEngine의 off()를 수행하면 "조용히 멈춤"이라는 문자를 찍어주어야 한다.

Step 3 Engine을 상속받아 PoorEngine 객체를 만들라. PoorEngine의on()을 수행하면 "덜덜거린다!"라는 문자를 찍어주고, PowerfullEngine의 off()를 수행하면 "매연 발생"이라는 문자를 찍어주어야 한다.

Step 4 paid라는 Boolean Attribute를 가지는 Searcher라는 객체를 만들어라. Searcher객체는 isPaid()라는 메서드를 통해 paid 상태를 알 수 있으며 setSearchEngine()이라는 메서드를 통해 Engine 객체를 선택한다. 만일 paid가 true이면 PowerfulEngine을 false이면 PoorEngine이 선택된다. 이를 Strategy Pattern으로 구성하라. 여기에서는 request()대신에 runEngine()이라는 메서드를 만들고 Engine의 on(), off()를 차례로 호출한다.

연습문제

1. 스트래티지 패턴의 사용 목적을 요약하시오.
2. 스트레티지 패턴에서 알고리즘의 수가 늘어나게 되면서 생겨나는 문제점을 논하시오.
3. 스트레티지 패턴의 장점을 제시하시오.
4. 스트레티지 패턴의 단점을 제시하시오.
5. 스트레티지 패턴이 사용된 예를 찾아보시오.

Workshop Answer

```
Step 1:
interface Engine {
   public void on();
   public void off();
}

Step 2:
class PowerfulEngine {
   public void on() {
      System.out.println("잘 돌아간다!");
   }
   public void off() {
      System.out.println("조용히 멈춤");
   }
}

Step 3:
class PoorEngine {
   public void on() {
      System.out.println("덜덜거린다!");
   }
   public void off() {
      System.out.println("매연 발생");
   }
}

Step 4:
class Searcher {
   private Boolean paid = false;
   private Engine currentEngine;
```

```
    public Boolean setPaid(Boolean flag) {
        this.paid = flag;
        return this.paid;
    }
    public Boolean isPaid() {
        return this.paid;
    }
    public Engine setSearchEngine() {
        if(isPaid()) this.currentEngine = new PowerfulEngine();
        else this.currentEngine = new PoorEngine();
        return this.currentEngine;
    }
    public void runEngine() {
        this.currentEngine.on();
        this.currentEngine.off();
    }
}
```

행위패턴 – 객체 협력 작업의 분할

12 State Pattern

State Pattern은 이름 그대로 상태도와 직접적인 연결을 가지고 있다. 여러 공학 분야에서 상태도는 매우 중요한 방법이며 널리 활용되는 도구이기도 하다. 특히 컴퓨터를 전공하는 사람들에게는 상태도의 중요성을 아무리 강조한다 해도 모자를 정도로 중요도를 가진다. 하지만 State Pattern은 Strategy Pattern과 잘 비교하며 이해할 필요가 있다. 뒤에서 자세히 언급하겠지만, 이 둘은 거의 쌍둥이처럼 유사하고 구현 방법도 동일하다. 먼저 상태도를 살펴보고 상태도를 위한 프로그래밍에 관하여 생각해 보겠다.

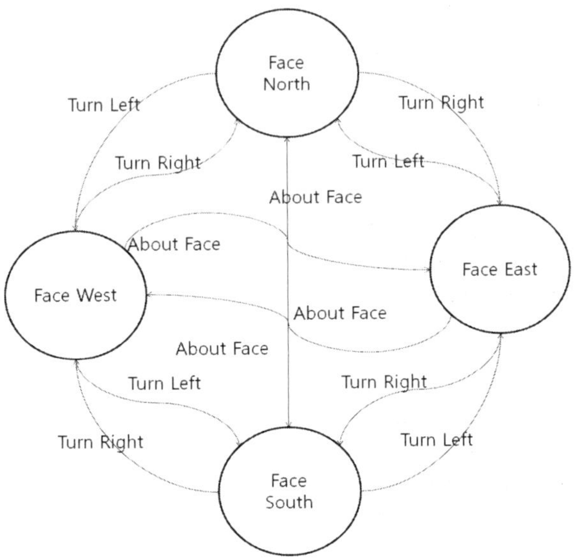

그림 12-1 상태도

[그림 12-1]은 간단한 상태도를 보이고 있다. 여기에는 4개의 상태가 -동쪽을 향하고 있음(Face East), 서쪽을 향하고 있음(Face West), 남쪽을 향하고 있음(Face South), 북쪽을 향하고 있음(Face North)- 있고 각 상태에서는 3가지 동작이 - 우로 돌아(Turn Right), 좌로 돌아(Turn Left), 뒤로 돌아(About Face) - 가능하다. 어떤 상태에 있는가에 따라 동일 동작의 결과가 달라진다. 이러한 상태도를 위한 프로그램을 작성해보기로 하자. 흥미를 위해 이 상태도는 로봇을 위한 상태도이고 로봇의 현재 방향과 동작에 의한 방향전환을 하고 있다고 가정하자.

코드 12-1 Robot 객체

```
public class Robot {
  static final int EAST = 0
  static final int WEST = 1
  static final int SOUTH = 2
  static final int NORTH = 3
  private int face = Robot.NORTH;

  public void turnRight() {
    switch(face) {
    case Robot.EAST:
      face = Robot.SOUTH;
      return;
    case Robot.WEST:
      face = Robot.NORTH;
      return;
    case Robot.SOUTH:
      face = Robot.WEST;
      return;
    case Robot.NORTH:
      face = Robot.EAST;
      return;
    }
  }
  public void turnLeft() {
    switch(face) {
    case Robot.EAST:
      face = Robot.NORTH;
      return;
    case Robot.WEST:
```

```
        face = Robot.SOUTH;
        return;
      case Robot.SOUTH:
        face = Robot.EAST;
        return;
      case Robot.NORTH:
        face = Robot.WEST;
        return;
      }
  }
  public void aboutFace() {
    switch(face) {
    case Robot.EAST:
      face = Robot.WEST;
      return;
    case Robot.WEST:
      face = Robot.EAST;
      return;
    case Robot.SOUTH:
      face = Robot.NORTH;
      return;
    case Robot.NORTH:
      face = Robot.SOUTH;
      return;
    }
  }
  public String facingDirection() {
    switch(face) {
    case Robot.EAST:
      return "Facing East";
    case Robot.WEST:
      return "Facing West";
    case Robot.SOUTH:
      return "Facing South";
    case Robot.NORTH:
      return "Facing North";
    }
    return null;
  }
  public static void main(String[] args) {
    Robot smith = new Robot();
    System.out.println("Robot Direction: "
```

```
+ smith.facingDirection());
    smith.turnRight();
    System.out.println("Turn Right: "
 + smith.facingDirection());
    smith.aboutFace();
    System.out.println("About Face: "
 + smith.facingDirection());
    smith.turnLeft();
    System.out.println("Turn Left: "
 + smith.facingDirection());
  }
}
```

출력 12-1

```
Robot Direction: Facing North
Turn Right: Facing East
About Face: Facing West
Turn Left: Facing South
```

[코드 12-1]은 [그림 12-1]의 간단한 상태도를 처리하는 프로그램으로 각 메서드간의 중첩과 계속되는 switch-case의 사용으로 바람직스럽지 못한 프로그램이 되었다. 이러한 switch-case문장은 상속을 통한 다형성(Polymorphism)으로 개선이 가능하다. 즉 case의 분류 기준이 현재 face값이므로 face값을 기준으로 가지는 객체를 생성하여 switch-case문을 객체의 다형성으로 변환한다. 먼저 face값에 의한 객체 분류를 한다.

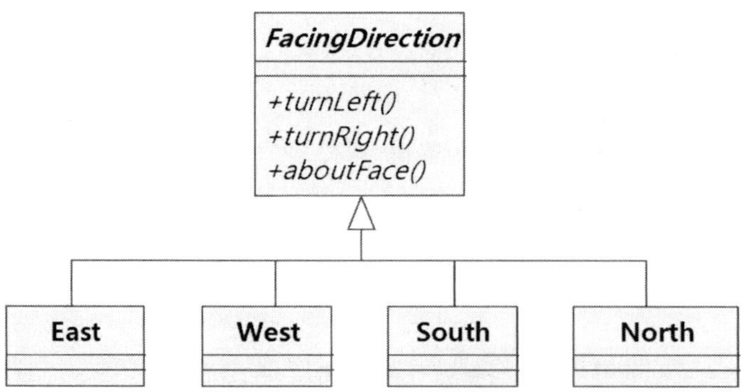

그림 12-2 face값에 의한 객체 설계

[그림 12-2]를 살펴보면 Robot객체가 가지는 face값에 따라 객체를 만들었다. 또한 각 객체는 Robot의 메서드와 동일한 매소드를 가지고 있으나 그 수행 결과는 객체마다 다르다. 이들 객체는 FacingDirection 인터페이스에서 상속되어 만들어 졌으므로 객체 선택에 따라 동일 메서드의 동작이 다르게 구현될 수 있다. 이를 활용하여 'Robot' 객체를 개선하여 보겠다. 먼저 [그림 12-2]의 구성을 위한 객체를 만들어 보자.

코드 12-2 FacingDirection 인터페이스

```
1  public interface FacingDirection {
2     public FacingDirection turnLeft();
3     public FacingDirection turnRight();
4     public FacingDirection aboutFace();
5     public String direction();
6  }
```

[코드 12-2]는 [그림 12-2]의 인터페이스를 구현한 것이고 [그림 12-2]에는 나타나 있지 않지만 [코드 12-1]의 줄 55에 있는 faceDirection() 메서드 역시 switch case로 엮여 있어 이를 direction() 메서드를 오버로딩하여 사용하고자 [코드 12-2]의 줄 5에 direction() 메서드를 추가로 넣었다. 이제 이 인터페이스를 상속받아 4개의 방향 객체를 생성하자.

코드 12-3 East 객체

```
public class East implements FacingDirection {
   @Override
   public FacingDirection turnLeft() {
      return new North();
   }
   @Override
   public FacingDirection turnRight() {
      return new South();
   }
   @Override
   public FacingDirection aboutFace() {
      return new West();
   }
```

```
    @Override
    public String direction() {
        return "Facing East";
    }
}
```

코드 12-4 West 객체

```
public class West implements FacingDirection {
    @Override
    public FacingDirection turnLeft() {
        return new South();
    }
    @Override
    public FacingDirection turnRight() {
        return new North();
    }
    @Override
    public FacingDirection aboutFace() {
        return new East();
    }
    @Override
    public String direction() {
        return "Facing West";
    }
}
```

코드 12-5 North 객체

```
public class North implements FacingDirection {
    @Override
    public FacingDirection turnLeft() {
        return new West();
    }
    @Override
    public FacingDirection turnRight() {
        return new East();
    }
    @Override
    public FacingDirection aboutFace() {
        return new South();
    }
```

```
   @Override
   public String direction() {
      return "Facing North";
   }
}
```

코드 12-6 South 객체

```
public class South implements FacingDirection {
   @Override
   public FacingDirection turnLeft() {
      return new East();
   }
   @Override
   public FacingDirection turnRight() {
      return new West();
   }
   @Override
   public FacingDirection aboutFace() {
      return new North();
   }
   @Override
   public String direction() {
      return "Facing South";
   }
}
```

[코드 12-3], [코드 12-4], [코드 12-5], [코드 12-6]은 각 방향을 나타내는 객체이며 [그림 12-1] 상태도의 각 상태에 대응하는 객체들이다. 이들 객체가 상태를 대표하게 되었으므로 [코드 12-1]의 줄 2~5에 있는 방향 정의 상수는 더 이상 이용할 필요가 없고 대응 객체를 이용함으로써 직접적인 방향 상태를 코드로 표현할 수 있게 되었다.[그림 12-3]

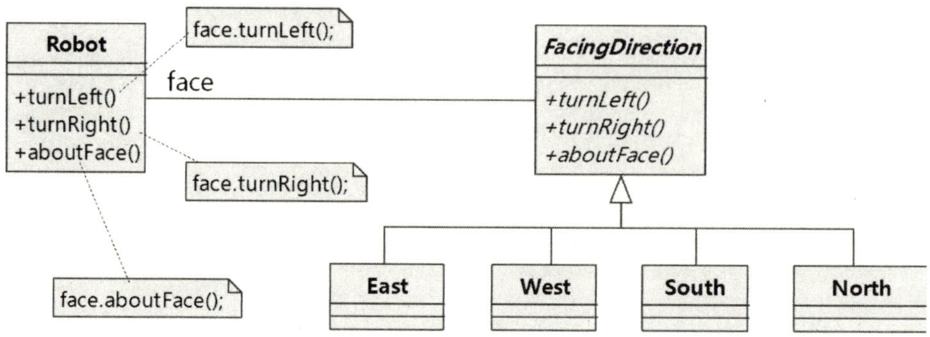

그림 12-3 State Pattern의 적용

코드 12-7 개선된 Robot 객체

```
public class Robot {
  private FacingDirection face = new North();

  public void turnRight() {
    face = face.turnRight();
  }
  public void turnLeft() {
    face = face.turnLeft();
  }
  public void aboutFace() {
    face = face.aboutFace();
  }
  public String facingDirection() {
    return face.direction();
  }

  public static void main(String[] args) {
    Robot smith = new Robot();
    System.out.println("Robot Direction: "
 + smith.facingDirection());
    smith.turnRight();
    System.out.println("Turn Right: "
 + smith.facingDirection());
    smith.aboutFace();
    System.out.println("About Face: "
 + smith.facingDirection());
    smith.turnLeft();
```

```
            System.out.println("Turn Left: "
    + smith.facingDirection());
        }
    }
```

출력 12-7

```
Robot Direction: Facing North
Turn Right: Facing East
About Face: Facing West
Turn Left: Facing South
```

[코드 12-7]의 Robot객체를 보면 더 이상 자신의 방향 상태에 대한 고려를 하지 않고 현 상태를 나타내는 줄 2의 face 참조 객체에 모든 행위를 위임함으로써 보다 직접적이며 단순한 방법으로 자신이 의도하는 행위를 진행하고 있다. 이와 같이 객체에 상태에 따라 행위가 변하는 행동 양식을 정리한 것이 바로 State Pattern 이다. 앞에 예에서는 상태도를 해결하는 State Pattern을 살펴보았다. 상태도를 기반으로 하는 경우 어떤 행위 또는 이벤트의 결과는 다른 상태로의 천이가 일어나는데, State Pattern은 이럴 때만 사용되는 것이 아니고 객체 상태에 따라 각 메서드의 행위가 바뀌어 마치 다른 객체처럼 움직일 때도 사용된다.

예를 들어 수륙 양용의 자동차가 있고 하늘을 나는 기능을 추가하였다고 하자. 이 자동차가 물속에 들어가게 되면, 좌우 방향을 바꾸기 위해서는 바퀴의 방향을 틀어도 자동차의 방향을 바꿀 수는 없을 것이다. 아마도 방향키가 나와서 물속에서는 키를 이용하여 방향전환을 하여야 할 것이다. 또한 하늘을 날 경우에도 방향전환은 바퀴로 이루어 질 수 없고 날개 후미에 달려있는 승강타를 조정하여 방향을 바꾼다. 이와 같이 수륙양용 자동차가 어떤 상태인가에 따라 방향전환이라는 동일 조작에도 다른 방법으로 대응해야 하는 문제를 처리할 경우에 State Pattern을 이용한다. 이 경우는 앞에 상태도 예와는 달리 행위의 결과로 상태 변화가 일어나지 않는다. (예를 들자면 자동차가 우회전을 한다고 해도 하늘을 나는 상태로 바뀌지는 않아도 된다)

마지막으로 State Pattern과 Strategy Pattern을 비교해 보자. [그림 11-2]와 [그림 12-3]을 살펴보면 두 Pattern은 동일한 구조를 가지고 있음을 쉽게 알 수 있다. 하지만 [그림 11-2]의 Strategy Pattern은 객체의 상태에 관해서는 전혀 고려가 없으며 단지 사용하고자 하는 알고리즘의 교체만이 관심의 대상이다. 물론 이러한 알고리즘의 변화를 집합적으로 변화한다면, 즉 여러 개의 메서드가 각각 알고리즘 변화를 일으킨다면 State Pattern과 거의 동일한 활용이 될 것이다. 하지만 State Pattern은 그러한 현상을 객체의 상태와 연관 지어 해석되고 있어 그 의도가 명확하게 차이가 진다. 간단히 정리하자면 State Pattern은 한 개의 객체가 자신의 상태로 인해 객체의 행동 양식이 변하는 것으로 외부에서 볼 때에는 객체가 바뀐 것처럼 행위 자체가 바뀌는 것이고 Strategy Pattern은 객체가 동일한 동작을 하지만 그 일을 처리하는 방법 또는 알고리즘만 바꿀 수 있도록 하는 것이다.

Pattern Card State Pattern

목적

객체 내부상태가 바뀜에 따라 객체의 행위가 변할 수 있게 만들어 객체가 바뀐 것처럼 보이게 한다.

적용상황

어떤 상황이 발생하였을 때 이를 대응하는 방법이 시스템의 상태 또는 객체의 상태에 따라 바뀌는 경우, 즉 객체 내부 상황에 따라 행위가 바뀌어야 하는 경우에 사용된다. State 패턴을 적용하기 전에 시스템 또는 객체가 가지게 될 상황이 몇 가지나 되는 지, 어떤 일이 발생하였을 때 대응(상태 변화)하여야 하는 지, 그리고 상태 변환을 어떻게 처리해야 하는 지를 결정하여야 한다.

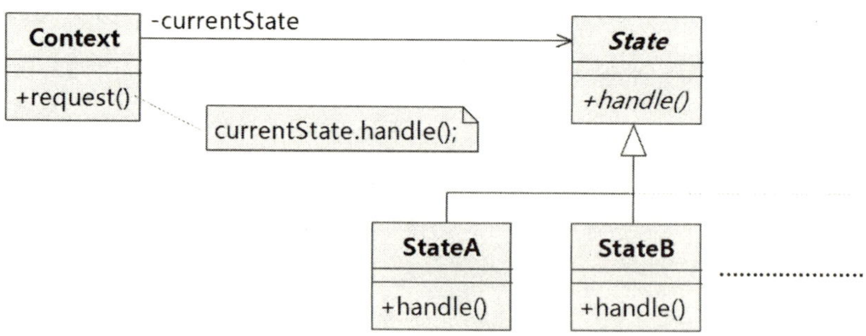

그림 12-4 state Pattern

Workshop

전장을 돌아다니는 캐릭터의 건강상태의 변화를 프로그램 하려 한다. 건강상태에 따른 대응 방식도 같이 바뀌어야 한다.

Step 1 meetEnemy() 메서드는 HealthState 인터페이스에 정의되어 있는 메서드이다. meetEnemy()의 반환 값은 HealthSate 이다. HealthState 인터페이스를 만드시오.

Step 2 HealthState를 상속받는 GoodHealth객체와 BadHealth 객체를 만들어라. GoodHealth객체의 meetEnemy()는 "적과의 전투, 부상"라는 메시지를 출력하고 BadHealth의 instance를 반환한다. BadHealth객체의 meetEnemy()는 "몸 조심, 회피 후 회복"이라는 메시지를 출력하고 GoodHealth의 instance를 반환한다.

Step 3 Field객체는 move()라는 메서드를 가지고 HealthState객체를 참조한다. 초기HealthState는 GoodHealth이며 move() 메서드가 호출되면 참조하는 HealthState의 meetEnemy를 호출하고 그 결과HealthState로 참조를 바꾼다.

Step 4 Field 객체의 instance를 하나 만들고 move()를 여러 번 호출하여 보라.

연습문제

1. 스테이트 패턴의 장점을 제시하시오.

2. 스테이트 패턴의 단점을 제시하시오.

3. 스테이트 패턴과 스트레티지 패턴의 차이점을 논의하시오.

4. 스테이트 패턴이 사용된 예를 찾아보시오.

5. [코드 12-2]를 구현한 North-east,North-west,South-east,South-west상태를 추가하여 보시오.

6. [코드 12-2]에 반만 방향을 바꾸는 halfTurnLeft(),hlafTurnRight()를 선언하고 구현하여 보시오.

Workshop Answer

```
Step 1:
interface HealthState {
   public HealthState meetEnemy();
}

Step 2:
class GoodHealth implements HealthState {
   public HealthState meetEnemy() {
      System.out.println("적과의 전투, 부상");
      return new BadHealth();
   }
}

class BadHealth implements HealthState {
   public HealthState meetEnemy() {
      System.out.println("몸 조심, 회피 후 회복");
      return new GoodHealth();
   }
}

Step 3:
class Field {
   private HealthSate heroState = new GoodHealth();
   public void move() {
      heroState = heroState.meetEnemy();
   }
}
```

```
Step 4:
public static void main(String[] args) {
   Field myField = new Field();

   myField.move();
myField.move();
myField.move();
myField.move();
myField.move();
}
```

행위패턴 – 객체 협력 작업의 분할

13 Command Pattern

디자인 패턴 중에는 이해하기가 어려운 패턴도 있고 이해하기가 쉬운 패턴도 있다. 또한 그 활용이 직관적으로 받아들여지는 패턴도 있고 왜 그 패턴을 사용해야 하는지 쉽게 수긍이 가지 않는 패턴도 있다. Command Pattern은 이해하기는 힘들지만 그 활용이 직관적으로 받아들여지는 대표적인 패턴이다. 일단 왜 이런 패턴을 생각하게 되었는지 생각해보자. 키보드를 이용한 입력이 주로 사용되었을 때는 다양한 명령을 키보드에 입력하여 입력된 명령어를 해석하는 것이 사용자의 의도를 처리하는 주된 방식이었다. 하지만 마우스와 같은 포인팅 입력장치가 GUI시스템과 같이 도입되면서 동일한 단순 입력을 다양한 의미로 해석해야 할 필요가 발생하였다. 즉, 마우스와 같은 포인팅 장치는 화면의 특정위치를 클릭하는 것처럼 단순한 행위를 하는데 이 행위를 어떤 경우는 A라는 일을 처리하라는 명령으로 해석해야 하고 어떤 경우에는 B라는 일을 처리하라는 명령으로 해석해야 하는 일이 발생한 것이다.

이로 인한 보편적인 해결책은 바로 아이콘과 메뉴였다. 메뉴를 클릭하면 해당 메뉴에 대응하는 작업이 이루어지는 방식이다. 그러나 메뉴를 다루는 객체가 메뉴에서 선택받은 작업을 직접 처리하게 만든다면 메뉴를 다루는 객체가 매우 거대해질 것이다. 따라서 실제 작업을 처리하는 객체와 메뉴를 관리하는 객체는 다른 객체로 만들어지는 것이 일반적이다. 이런 상황을 가정한다면 메뉴에서 어떤 항목을 선택받아 특별한 작업을 수행하려 한다면 메뉴 관리 객체에서 받아들인 명령을 실제로 명령을 수행할 객체에 전달해야 한다. 더욱이 메뉴에서 실제 수행할 객체마다의 특성을 맞추어 처리할 수 없으므로 메뉴 관리 객체에서 명령을 받아 실제 명령을 수행할 객체에 명령을 전달할 때 통일된 방법이 필요하다. Command Pattern

은 이러한 필요성에 편승하여 만들어 졌다. 간단히 예를 만들어 살펴보기로 하자. GUI코드의 사이즈로 인해 간단한 키보드 숫자 입력을 예로 사용하겠다.

코드 13-1 Keyboard Menu 객체

```
1  public class KeyMenu {
2     public String[] menuDesc = new String[3];

3     public void regMenu(int index, String description) {
4        menuDesc[index] = description;
5     }
6     public int showMenu() throws IOException {
7        for(int i=0; i<3; i++) {
8           System.out.println(menuDesc[i]);
9        }
10       int x = System.in.read();
11       if(x < '0' || x >'3') return -1;
12       return x - '0';
13    }

14    public static void main(String[] args) throws IOException {
15       KeyMenu myMenu = new KeyMenu();
16       myMenu.regMenu(0, "First Item");
17       myMenu.regMenu(1, "Second Item");
18       myMenu.regMenu(2, "Third Item");

19       System.out.println(myMenu.showMenu());
20    }
21 }
```

출력 13-1

```
First Item
Second Item
Third Item
1  키보드로 입력한 값
1
```

[코드 13-1]은 키보드로 입력을 받아 입력 받은 숫자를 돌려주는 단순한 객체이다. 단순한 예로 만들기 위해 메뉴 항목은 3가지로 제한하였다. 줄 10~12의 입력을 받는 부분을 보면 3개 항목만을 받고 나머지는 -1로 오류처리 하기 위한 목적

을 볼 수 있다. 줄 14~20의 main()함수 부분을 조정하면 받은 입력 명령에 따른 작업 수행 코드를 삽입할 수 있다. 몇 가지 업무를 수행하는 예를 만들어 보겠다.

코드 13-2 Light객체

```
1  public class Light {
2     private Boolean isOn = false;

3     public void on() {
4        isOn = true;
5        System.out.println("Light on!");
6     }
7     public void off() {
8        isOn = false;
9        System.out.println("Light off!");
10    }
11    public Boolean isOn() {
12       return isOn;
13    }
14 }

15 public class JobProcess {
16    public void start() {
17       System.out.println("Start the Job!");
18    }
19    public void stop() {
20       System.out.println("Stop the Job!");
21    }
22 }
```

[코드 13-2]의 줄 1~14은 단순한 전등을 켜고 끄는 일을 상상해 본 것이다. 물론 아무런 일도 하지 않는다. 그냥 상상으로만 전등을 켜고 끄는 일이라 생각하자. 이 코드의 목적은 명령에 따른 작업 수행을 하는 객체를 만들어 본 것으로 어떤 일을 하는지는 그리 중요하지 않기 때문에 그냥 "명령을 받으면 어떤 작업을 한다" 정도를 보여주기 위한 객체이다. 비슷한 용도로 줄 15~22에 'JobProcess'라는 객체도 정의해 보았다. 'Light'객체와 'JobProcess'객체를 살펴보면 동일한 인터페이스를 가지고 있지 않다는 점을 주의해서 보아두자. 다음으로 이들 두 객체의 동작

을 [코드 13-1]에서 만들어진 키보드 메뉴를 이용하여 두 개의 객체를 동작시키는 일을 만들어 보기로 하겠다. 앞서 언급한 것처럼 [코드 13-1]의 줄 14~20에 있는 main()함수 부분을 수정하여 객체 동작을 유도하겠다.

코드 13-3 메뉴에 의한 객체 실행

```java
public static void main(String[] args) throws IOException {
   KeyMenu myMenu = new KeyMenu();
   myMenu.regMenu(0, "0: Light On");
   myMenu.regMenu(1, "1: Light Off");
   myMenu.regMenu(2, "2: Job Start");

   Light myLight = new Light();
   JobProcess myJob = new JobProcess();
   switch(myMenu.showMenu()) {
   case 0:
      myLight.on();
      break;
   case 1:
      myLight.off();
      break;
   case 2:
      myJob.start();
      break;
   }
}
```

출력 13-3

```
0: Light On
1: Light Off
2: Job Start
2    키보드에서 입력한 값
Start the Job!
```

[코드 13-3]은 main()함수만을 보여주고 있다. 잘 동작 하고 있어 보이지만 몇 가지 고려점이 남아 있다. 먼저 switch-case문장이다. 가능하다면 피하고 싶은 구조이다. 하지만 이를 제거하는 것은 각 객체, 여기서는 'Light'와 'JobProcess'객체가 서로 다른 인터페이스를 가지고 있어 쉽지 않은 문제이다. 다음은 메뉴에서 다

루고자 하는 모든 객체의 인터페이스를 메뉴가 알아야 한다는 것이다. 이는 쉽지 않은 일이다. 메뉴 작업을 하는 프로그래머가 모든 객체를 알아야 한다는 말이 되는데, 여기서는 예를 이용하고 있어 간단해 보이지만 실제 작업에서는 거의 불가능한 일이다. 더욱이 메뉴를 별도로 만들어 제공하고 있는 프레임 워크들이 많이 있다. 이런 프레임 워크를 만드는 개발자에게 이 메뉴가 다루게 될 모든 객체를 알아야 한다고 이야기 하기는 어렵다. 이 문제가 바로 앞에서 논의한 명령을 받는 객체와 명령의 수행해야 하는 객체간의 명령 전달 문제이다.

이 문제를 해결하는 방법은 명령 자체를 통일된 형태의 객체로 만들어야 하는데 메뉴가 다룰 수 있는 통일된 형태를 가지기 위해 공통 인터페이스를 먼저 정의하고 여기서 상속을 받아 원하는 작업을 수행하게 하여야 한다. 즉 각 수행할 명령을 독립된 객체로 만들고 이 독립된 객체를 통괄적으로 다루기 위해 하나의 인터페이스를 상속받도록 하는 것이다. [그림 13-1]은 명령 객체를 위한 모형을 제시한다.

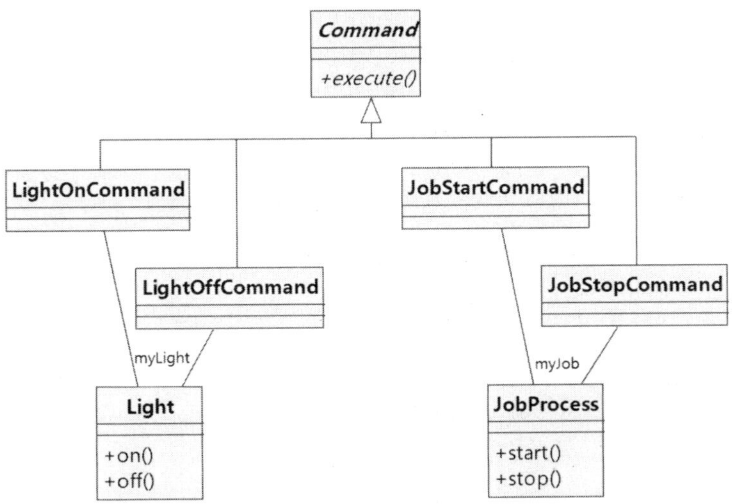

그림 13-1 명령 수행을 위한 명령 객체 구성

코드 13-4 Command 인터페이스

```
public interface Command {
   public void execute();
}
```

[코드 13-4]는 [그림 13-1]을 구현하기 위한 인터페이스 정의이다. 뒤에서 보겠지만 단순한 것에 비하여 앞으로 큰 역할을 하게 된다.

코드 13-5 Light 객체 관련 Command 객체

```
1  public class LightOnCommand implements Command {
2     private Light myLight;
3     private String description;

4     LightOnCommand(Light light, String desc) {
5        myLight = light;
6        description = desc;
7     }
8     @Override
9     public void execute() {
10       myLight.on();
11    }
12    public String showDescription() {
13       return description;
14    }
15 }

16 public class LightOffCommand implements Command {
17    private Light myLight;
18    private String description;

19    LightOffCommand(Light light, String desc) {
20       myLight = light;
21       description = desc;
22    }
23    @Override
24    public void execute() {
25       myLight.off();
26    }
27    public String showDescription() {
28       return description;
29    }
30 }
```

[코드 13-5]에는 [코드 13-4]의 Command 인터페이스를 상속받은 두 개의 클래스가 정의되었다. 줄 1~15에 정의된 'LightOnCommand'는 'Light'객체를 on()

하는 작업을 수행한다. 줄 16~30에 정의 된 'LightOffCommand'는 'Light'객체를 off()하는 작업을 수행한다. [그림 13-1]의 명령 수행객체는 이와 같이 정의 된다. 객체 클래스 다이어그램의 표현 보다 코드가 좀 더 쉬워 보인다. 유사한 방법으로 'JobProcess' 객체의 작업 수행을 명령하는 객체 구성이 가능하다.

코드 13-6 JobProcess 객체 관련 Command 객체

```
public class JobStartCommand implements Command {
  private JobProcess myJob;
  private String description;

  JobStartCommand(JobProcess job, String desc) {
    myJob = job;
    description = desc;
  }
  @Override
  public void execute() {
    myJob.start();
  }
  public String showDescription() {
    return description;
  }
}

public class JobStopCommand implements Command {
  private JobProcess myJob;
  private String description;

  JobStopCommand(JobProcess job, String desc) {
    myJob = job;
    description = desc;
  }
  @Override
  public void execute() {
    myJob.stop();
  }
  public String showDescription() {
    return description;
  }
}
```

[코드 13-6]은 'JobProcess'관련 명령을 위한 객체를 구현하였다. [코드 13-5]와 [코드 13-6]이 우연하게 모두 두 개의 명령 관련 객체가 구현되었지만 일반적으로는 수행해야 할 작업에 따라 개수가 정해진다. 여러 개가 될 수도 있고 한 개가 될 수도 있다. 이렇게 어떤 객체가 수행하여야 할 작업 명령 자체를 객체로 만들어 보았다. 이제 이것을 [코드 13-1] 메뉴에 적용해 보기로 하겠다.

코드 13-7 개선된 Keyboard Menu 객체

```
public class KeyMenu {
   public Command[] menu = new Command[3];

   public void regMenu(int index, Command cmd) {
      menu[index] = cmd;
   }
   public int showMenu() throws IOException {
      for(int i=0; i<3; i++) {
         System.out.println(menu[i].showDescription());
      }
      int x = System.in.read();
      if(x < '0' || x >'3') return -1;
      else {
         x = x - '0';
         menu[x].execute();
         return x - '0';
      }
   }

   public static void main(String[] args) throws IOException {
      Light myLight = new Light();
      Command lightOn =
new LightOnCommand(myLight, "Light On");
      Command lightOff =
new LightOffCommand(myLight, "Light Off");
JobProcess myJob = new JobProcess();
      Command jobStart =
new JobStartCommand(myJob, "Job Start");
      Command jobStop =
new JobStopCommand(myJob, "Job Stop");

      KeyMenu myMenu = new KeyMenu();
```

```
26        myMenu.regMenu(0, lightOn);
27        myMenu.regMenu(1, lightOff);
28        myMenu.regMenu(2, jobStart);

29        if (myMenu.showMenu() == -1)
30   System.out.println("Error!!!");
31     }
32 }
```

출력 13-7

```
Light On
Light Off
Job Start
2   키보드로 입력한 값
Start the Job!
```

[코드 13-7]은 [코드 13-1]에 [코드 13-3]의 main()함수를 적용한 것과 동일한 내용을 구현한 것이다. 'Command'객체의 도입으로 [코드 13-3]의 줄 8~18에 있던 switch-case문이 제거되었다. 이것이 가능한 이유는 [코드 13-7]의 줄 19~24에서 명령을 수행할 객체를 선언함과 동시에 각 객체가 수행할 명령을 전달할 명령 객체를 선언하고 이를 'KeyMenu'객체에 등록하였기 때문이다. (줄 25~28) 이렇게 명령 자체를 객체로 만들면 동일한 인터페이스를 사용하므로 명령을 수행하는 객체에 대한 정보 없이 'KeyMenu'객체에서 명령을 다룰 수 있어, 명령의 등록과 명령 수행이 가능해 진다.

[코드 13-1]의 줄 3~5을 보면 어떤 식으로 명령이 수행될 지 몰라, 설명만을 등록하였는데 이제는 [코드 13-7]의 줄 2에서 볼 수 있듯이 명령을 담을 리스트 준비가 가능해서 [코드 13-7]의 줄 3~5에서는 바로 명령을 등록 받도록 변경되었다. 이렇게 등록된 명령은 동일한 수행방법 execute()를 가지므로 [코드 13-7]의 줄 6~16에 정의된 showMenu()안에서 바로 실행이 가능하다(줄 14).

[코드 13-1]과 [코드 13-7]을 비교해보면 [코드 13-4]에서 도입된 Command인터페이스의 도움으로 서로의 역할이 명확해졌고 독립적 운영이 가능함을 볼 수 있다. 또한 한걸음 더 나아가 이렇게 명령 자체를 객체로 만들면 앞에서는 할 수 없었던 새로운 명령을 정의하는 것이 가능해진다.

코드 13-8 새로운 명령의 생성

```
public class LightToggleCommand implements Command {
  private Light myLight;
  private String description;

  LightToggleCommand(Light light, String desc) {
    myLight = light;
    description = desc;
  }
  @Override
  public void execute() {
    if(myLight.isOn()) myLight.off();
    else myLight.on();
  }
  public String showDescription() {
    return description;
  }
}

public static void main(String[] args) throws IOException {
  Light myLight = new Light();
  Command lightToggle =
new LightToggleCommand(myLight, "Toggling a Light");
JobProcess myJob = new JobProcess();
  Command jobStart =
new JobStartCommand(myJob, "Job Start");
  Command jobStop =
new JobStopCommand(myJob, "Job Stop");

  KeyMenu myMenu = new KeyMenu();
  myMenu.regMenu(0, lightToggle);
  myMenu.regMenu(1, jobStart);
  myMenu.regMenu(2, jobStop);

  if (myMenu.showMenu() == -1)
 System.out.println("Error!!!");
}
```

출력 13-8

```
Toggling a Light
Job Start
Job Stop
0   키보드로 입력한 값
Light on!
```

[코드 13-8]의 줄 1~16에서는 새로운 토글 명령을 'LightToggleCommand' 라는 객체로 정의하고 있다. 이 명령은 원 객체인 'Light'에서 제공해주는 작업이 아니지만, 새로 정의하였다. 이렇게 명령 전달 객체를 독립적으로 정의함으로써 새로운 이점을 만들 수 있다. 또 다른 이점은 명령이 캡슐화 되어 있기 때문에 매크로 형식으로 사용이 가능하다는 것이다. [그림 13-2]는 명령의 요청을 매크로로 정의할 수 있는 구조를 보여 준다.

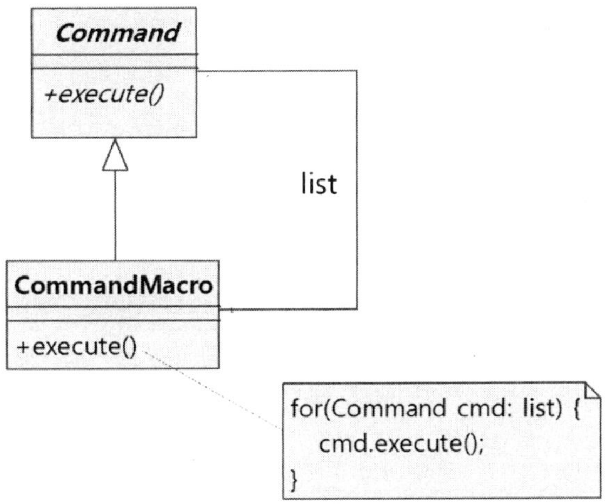

그림 13-2 Command Macro

[그림 13-2]를 완전하게 구현하는 방법은 다소 분량이 많으므로 여기서는 완전한 매크로 정의를 위한 객체 구성을 구현하는 대신 단순 배열을 사용하여 여러 명령을 동시에 처리하는 것이 가능하다는 보이도록 하겠다.

코드 13-9 명령 매크로 생성

```
public class SetCommand implements Command {
   private Command cList[] = new Command[2];
   private String description;

   SetCommand(String desc) {
      description = desc;
   }
```

```
    public void addCommand(int index, Command x) {
        cList[index] = x;
    }
    @Override
    public void execute() {
        for(int i=0; i<2; i++) {
            cList[i].execute();
        }
    }
    public String showDescription() {
        return description;
    }
}
public static void main(String[] args) throws IOException {
    Light myLight = new Light();
    Command lightOn =
new LightOnCommand(myLight, "Light On");
    Command lightOff =
new LightOffCommand(myLight, "Light Off");
    Command lightToggle =
new LightToggleCommand(myLight, "Toggling a Light");
JobProcess myJob = new JobProcess();
    Command jobStart =
new JobStartCommand(myJob, "Job Start");
    Command jobStop =
new JobStopCommand(myJob, "Job Stop");

    SetCommand startWork = new SetCommand("Working");
    startWork.addCommand(0, lightOn);
    startWork.addCommand(1, jobStart);
    SetCommand stopWork = new SetCommand("Go Home");
    stopWork.addCommand(0, jobStop);
    stopWork.addCommand(1, lightOff);

    KeyMenu myMenu = new KeyMenu();
    myMenu.regMenu(0, lightToggle);
    myMenu.regMenu(1, startWork);
    myMenu.regMenu(2, stopWork);

    if (myMenu.showMenu() == -1)
 System.out.println("Error!!!");
}
```

```
39
```

출력 13-9

```
Toggling a Light
Working
Go Home
1   키보드로 입력한 값
Light on!
Start the Job!
Toggling a Light
Working
Go Home
2   키보드로 입력한 값
Stop the Job!
Light off!
```

[코드 13-9]의 줄 1~19에서는 'SetCommand'라는 단순배열을 사용하는 객체를 정의하였다. 줄 7에서 명령을 등록하는 부분이 단순배열을 사용하여 다소 불편한 상태이다. 완전한 구현으로 만들 때에는 명령어를 등록하고 제거하는 기능을 삽입하기 바란다. 줄 22, 23, 26, 27은 매크로에 집어넣을 명령을 먼저 생성하였고 줄 28~33은 이들을 매크로로 등록하였다. 앞서 살펴본 명령 매크로 구성은 명령 전달, 즉 요청 자체를 객체로 만들어 독립적 운영을 하였기 때문이다. 또한 이로 인해 어떤 명령이 전달되었는가 하는 요청 히스토리(History)를 기록으로 남길 수 있다.

Pattern Card Command Pattern

목적

다양한 요청을 객체로 만들어 요청 자체를 매개변수로 사용할 수 있게 한다. 이를 통해 요청을 기록하거나 큐에 순서대로 저장할 수 있게 하며 나아가 요청을 취소할 수 있게 한다.

적용상황

여러 객체 또는 디바이스 등을 이용하는 방법이 달라 명령을 따로 내려야 하는 상황에서 이들 이용 방법을 통일시켜 처리할 것이 있을 때 사용된다. 일단 여러 객체 또는 디바이스를 이용하는 방법이 통일되면 이들 통일된 방법으로 처리해야 할 일들을 나열하거나 저장할 수도 있고 여러 개의 일을 묶어 하나의 일로 정의가 가능하다.

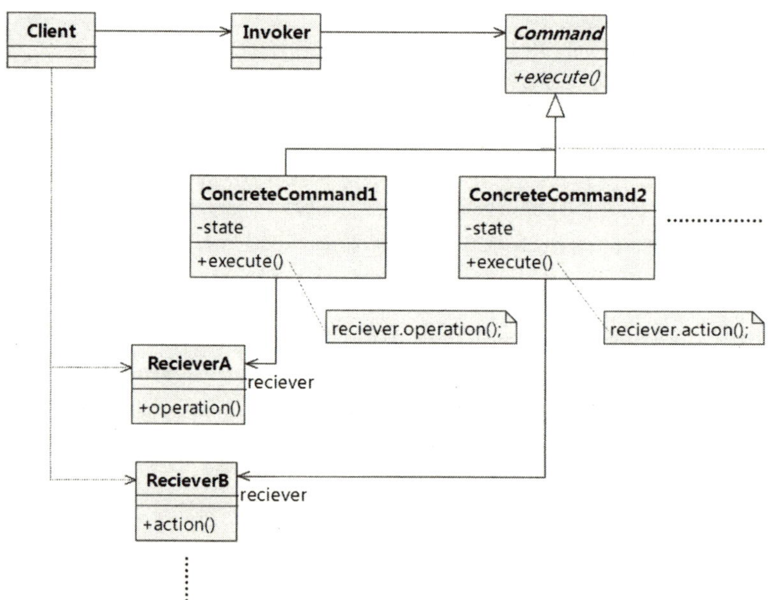

그림 13-3 Command Pattern

Workshop

새로운 Radio가 출시되어 라디오를 켜고 끄는 제어객체가 아래 보이는 것처럼 전달되었다. (여기서는 출력 메시지만으로 대신한다.)

```
class Radio {
   public void turnOn() {
System.out.println("Radio on!");
   }
   public void turnOff() {
System.out.println("Radio off!");
   }
   public void volumeUp() {
System.out.println("Radio volume up!");
   }
   Public void volumeDown() {
System.out.println("Radio volume down!");
   }
}
```

Step 1 [코드 13-4]를 상속받아 Radio를 켜는 Command 객체를 만들어라. [코드 13-7]의 KeyMenu에서 사용할 수 있도록 description도 이용 가능하도록 만들어라.

Step 2 [코드 13-4]를 상속받아 Radio를 끄는 Command 객체를 만들어라. [코드 13-7]의 KeyMenu에서 사용할 수 있도록 description도 이용 가능하도록 만들어라.

Step 3 [코드 13-4]를 상속받아 Radio 소리를 크게하는Command 객체를 만들어라. [코드13-7]의 KeyMenu에서 사용할 수 있도록 description도 이용 가능하도록 만들어라.

Step 4 [코드 13-4]를 상속받아 Radio 소리를 작게하는 Command 객체를 만들어라. [코드13-7]의 KeyMenu에서 사용할 수 있도록 description도 이용 가능하도록 만들어라.

Step 5 Step 1, Step 2, Step 3, Step 4에서 만들어진 Command객체를 사용하여 [코드13-7]의 KeyMenu를 Radio용으로 구성하라.

연습문제

1. Command Pattern을 정의하시오.

2. Command Pattern의 사용 목적의 예를 제시하시오.

3. Command Pattern에서는 명령을 받는 객체와 명령을 수행하는 객체간의 명령 전달 문제를 어떻게 다루고 있는지 설명하시오.

4. 빈칸을 채우시오.

> Command Pattern은 다양한 객체를 (　　)로 만들어 요청 자체를 (　　)로 사용할 수 있게 한다.

5. 빈칸을 채우시오.

> Command Pattern은 명령에 관한 내용을 객체로 만들어 명령에 대한 (　　), (　　), (　　)가 가능하다.

6. 클래스의 추가에 있어 Command Pattern의 장단점을 제시하시오

7. Command Pattern에서는 Client의 역할을 대신하는 객체를 두고 있는데 명령이 늘어날 때마다 이 객체의 내부를 수정해야하는 불편함이 있다. 이를 개선하는 방안을 제시하시오.

Workshop Answer

```
Step 1:
public class RadioOnCommand implements Command {
   private Radio myRadio
   private String description;

   RadioOnCommand(Radio radio, String desc) {
     myRadio = radio
      description = desc;
   }
   @Override
   public void execute() {
      myRadio.turnOn();
   }
   public String showDescription() {
      return description;
   }
}

Step 2:
public class RadioOffCommand implements Command {
   private Radio myRadio
   private String description;

   RadioOffCommand(Radio radio, String desc) {
     myRadio = radio
      description = desc;
   }
   @Override
   public void execute() {
      myRadio.turnOff();
   }
   public String showDescription() {
```

```
    return description;
  }
}

Step 3:
public class RadioVolumeUpCommand implements Command {
  private Radio myRadio
  private String description;

  RadioVolumeUpCommand (Radio radio, String desc) {
   myRadio = radio
    description = desc;
  }
  @Override
  public void execute() {
    myRadio.volumeUp();
  }
  public String showDescription() {
    return description;
  }
}

Step 4:
public class RadioVolumeDownCommand implements Command {
  private Radio myRadio
  private String description;

  RadioVolumeDownCommand(Radio radio, String desc) {
   myRadio = radio
    description = desc;
  }
  @Override
  public void execute() {
    myRadio.volumeDown();
  }
  public String showDescription() {
    return description;
  }
}
```

```
Step 5:
public static void main(String[] args) throws IOException {
Radio myRadio = new Radio();
   Command radioOn = new RadioOnCommand(myRadio, "Radio On");
   Command radioOff = new RadioOffCommand(myRadio, "Radio Off");
Command radioUp = new RadioVolumeUpCommand (myRadio, "Volume Up");
Command radioDown= new RadioVolumeDownCommand (myRadio, "Volume Down");

KeyMenu myMenu = new KeyMenu();
   myMenu.regMenu(0, radioOn);
   myMenu.regMenu(1, radioOff);
   myMenu.regMenu(2, radioUp);
   if (myMenu.showMenu() == -1) System.out.println("Error!!!");
}
```

행위패턴 – 객체 협력 작업의 분할

14 Iterator Pattern

객체를 집합으로 관리하는 경우는 종종 발생한다. 자료의 보관을 목적으로 하는 객체라면 더욱 여러 가지 구조를 가지면서 집합을 이룬다. 트리구조를 하고 있는 객체도 있고 리스트(링크드 리스트) 형태나 배열 형태 등 다양한 형태가 가능하다. 과거 기능 중심의 구조적 언어(C, Pascal 등)에서 Record단위로 관리되던 자료가 객체지향에 와서는 객체에서 보관/관리되고 있다. 결과적으로는 좀 더 복잡하고 다양한 자료의 구성을 표현할 수 있게 되었지만 때로는 다양한 구조로 인한 복잡성이 증가한다. 이런 객체 구조를 단순하면서도 직관적으로 다룰 수 있는 방법이 요구되는데, 이를 해결하기 위하여 Iterator Pattern은 Iterator라 부르는 단순 구조를 제공한다. 모든 구조는 구조 자체가 구성요소에 순서를 부여하는 방법을 가지는데, 트리 구조에서는 보통 Depth First 또는 Breadth First와 같은 원칙이 적용된다. 또한 왼쪽에서 오른쪽으로 진행하는 기본 원칙은 대부분의 경우에서 사용된다.

잠깐: Depth First 와 Breadth First…………

트리구조를 탐색하는 두 가지 대표적인 방식이다. 아래 그림과 같은 트리가 있다고 할 때 Breadth First 방식은 트리 각 노드를 ABCDEFGH 순으로 마치 최상위 층을 먼저 다 방문하고 (A)의 바로 아래층을 살피는 (BCD) 것처럼 순차로 내려가며 동일 층을 (EFGH) 왼쪽에서 오른쪽으로 방문하는 방식이다. 이에 비해 Depth First는 왼쪽부터 아래로 내려갈 수 있으면 무조건 아래로 내려가면서 방문하는 방식이다. 즉 아래 그림에선 EFBCGHDA 순서로 방문한다.

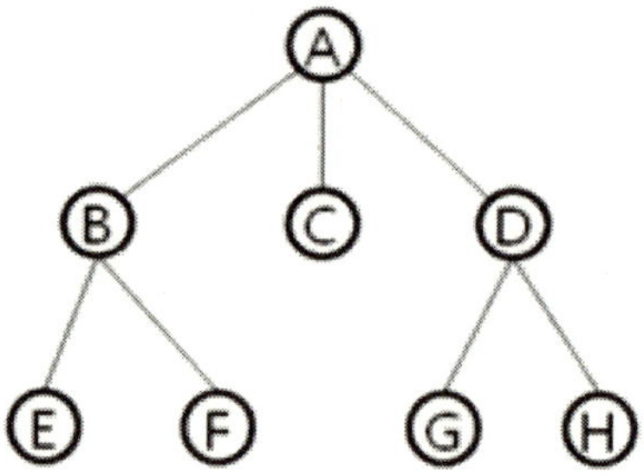

이처럼 각 구조 자체에서 구성요소에 순서를 부여하는 방법을 가지고 있다. 여기서 기본 개념만을 뽑아 보면, 어떤 방식에서든 처음이 있고 그 다음이라는 개념을 가진다. 예를 들어 수학에서는 자연수를 이야기할 때 1과 다음 수로 모든 수를 정의할 수 있다고 한다. 3은 1의 다음 수의 다음 수이다. 자연수는 무한대이지만 대부분의 현실의 구조는 다음이 있을 수도 있지만 다음이 없을 수도 있다. (다음이 없다는 것은 거기가 끝이라는 말이다.) Iterator는 이렇게 '시작과 다음 그리고 다음이 있는가'라는 세 가지 개념만으로 모든 집합의 구성요소를 다룰 수 있게 한다.

물론 그 순서를 정하는 것은 Iterator가 하는 것이 아니고 각 구조체에서 스스로 정하도록 만들었다.

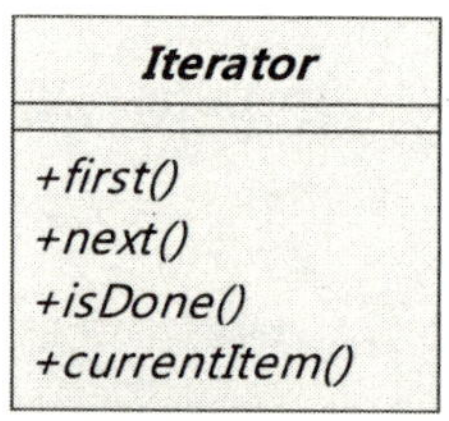

그림 14-1 Iterator

[그림 14-1]은 기초적인 Iterator를 제시한다. first()는 맨 처음 구성요소로 돌아가는 것이고, next()는 다음 요소에 접근하고 마지막으로 isDone()은 더 이상 다음이 없다는 것을 알린다. currentItem()은 현재 방문 중인 객체를 알려준다. 이를 적용하여 간단한 코드 구성을 하여 보겠다.

코드 14-1 Iterator 인터페이스 정의

```
1  public interface Iterator {
2     public void first();
3     public Object next();
4     public boolean isDone();
5     public Object current();
6  }
```

[코드 14-1]은 [그림 14-1]을 구현한 것이다. 줄 2의 first()는 반환값이 없지만 줄 3과 줄 5은 어떤 객체가 다루어질지 모르므로 자바에서 최상위 객체인 'Object' 객체형을 이용하였다. 줄 4은 리스트의 끝을 알고자 하는 것이므로 당연히 boolean값을 가진다.

코드 14-2 개념적 Iterator Sketch

```
public class IteratorSketch implements Iterator {
   private String[] dataCollection = {"One", "Two",
                                      "Three", "Four",
                                      "Five", "Six" };
   private int index;
   @Override
   public void first() {
      index = 0;
   }
   @Override
   public Object next() {
      return dataCollection[index++];
   }
   @Override
   public boolean isDone() {
      return !(index < 6);
   }
   @Override
   public Object current() {
      return dataCollection[index];
   }
   public static void main(String[] args) {
      IteratorSketch myToy = new IteratorSketch();
```

```
24         myToy.first();
25         while(!myToy.isDone()) {
26            System.out.println((String)myToy.current());
27            myToy.next();
28         }
29      }
30   }
```

출력 14-2

```
One
Two
Three
Four
Five
Six
```

Iterator를 이해하기 위해 간단한 코드를 [코드 14-2]에 제시하였다. 일반적으로 배열은 배열 색인값을 제시함으로 운영을 하는 것이 기본적인 사용방법이다. 예를 들어 A라는 배열이 있고 이 배열에서 값을 읽고 쓰기 위해서는 A[2]처럼 색인값을 넣어 배열의 특정 위치를 참조하는 방식이 배열을 사용하는 방법이다. [코드 14-2]는 이러한 배열을 Iterator 개념으로 사용하는 방법을 보여준다. 줄 24~28에 있는 while loop는 배열개념을 사용하지 않고 Iterator개념만으로 줄 2의 dataCollection 배열에 있는 자료에 접근하는 것을 보여준다.

Iterator개념을 도입하여 사용할 때, 많은 경우 집합 객체가 필요할 때마다 Iterator를 생성하여 사용한다. 이렇게 할 경우에는 줄 7에 있는 first() 메서드는 구현하지 말고 생성시 초기화로 대치가 가능하다. 또한 next() 메서드에서 객체를 바로 받아 사용한다면 current() 메서드도 필요없다. 따라서 보다 보편적으로 사용되는 Iterator는 조금 단순한 형태를 가질 수 있다.

코드 14-3 단순 Iterator의 구현

```
public interface Iterator2 {
  public Object next();
  public boolean isDone();
}

public class SimpleIterator implements Iterator2 {
  private String[] dataCollection;
  private int index;

  SimpleIterator(String[] dataArray ) {
    dataCollection = dataArray;
    index = 0;
  }
  @Override
  public Object next() {
    return dataCollection[index++];
  }
  @Override
  public boolean isDone() {
    return !(index < dataCollection.length);
  }
  public static void main(String[] args) {
    String[] myData = {"One", "Two", "Three", "Four", "Five", "Six" };
    SimpleIterator myToy = new SimpleIterator(myData);

    while(!myToy.isDone()) {
      System.out.println((String)myToy.next());
    }
  }
}
```

출력 14-3

```
One
Two
Three
Four
Five
Six
```

[코드 14-3]은 [코드 14-2]와 동일하지만 좀 더 보편적으로 사용되는 기능만으로 구현한 형태이다. first()와 current() 메서드가 사라진 것을 볼 수 있고 줄 8의 생성자를 추가하여 모든 문자열 배열에 적용할 수 있도록 구성하였다. 자바 자체에서도 Iterator 인터페이스를 제공한다. (즉, import java.util.Iterator 문이 필요하다.)

코드 14-4 Java Iterator의 구현

```
import java.util.Iterator

public class JavaIterator implements Iterator<String> {
   private String[] dataCollection;
   private int index;

   JavaIterator(String[] dataArray ) {
      dataCollection = dataArray;
      index = 0;
   }
   public String next() {
      return dataCollection[index++];
   }
   public boolean hasNext() {
      return (index < dataCollection.length);
   }
   public void remove() {
      System.out.println("Not implemeted yet.");
   }

   public static void main(String[] args) {
      String[] myData = {"One", "Two", "Three", "Four", "Five", "Six" };
      JavaIterator myToy = new JavaIterator(myData);

      while(myToy.hasNext()) {
         System.out.println((String)myToy.next());
      }
   }
}
```

출력 14-4

```
One
Two
Three
Four
Five
Six
```

[코드 14-4]은 java.util에 정의되어 있는 Iterator를 상속받는 'JavaIterator' 객체를 구현하였다. [코드 14-2], [코드 14-3]는 개인적으로 Iterator인터페이스를 정의하여 사용해야 하지만 [코드 14-4]처럼 java.util의 Iterator인터페이스를 import하여 사용하면 간편하다는 장점이 있다.

이렇게 Iterator를 적용하는 것이 다른 구조체에서도 적용이 가능함을 보이기 위해 ArrayList구조에 Iterator를 적용해 보기로 하겠다.

코드 14-5 ArrayList에 Iterator의 적용

```java
public class SampleIterator implements Iterator<String> {
   private ArrayList<String> dataCollection;
   private int index;

   SampleIterator(ArrayList<String> dataArray ) {
      dataCollection = dataArray;
      index = 0;
   }
   public String next() {
      return dataCollection.get(index++);
   }
   public boolean hasNext() {
      return (index < dataCollection.size());
   }
   public void remove() {
      System.out.println("Not implemeted yet.");
   }

   public static void main(String[] args) {
      ArrayList<String> myData = new ArrayList<String>();
      myData.add("One");
      myData.add("Two");
```

```
21        myData.add("Three");
22        myData.add("Four");
23        myData.add("Five");
24        myData.add("Six");
25        SampleIterator myList = new SampleIterator(myData);

26        while(myList.hasNext()) {
27           System.out.println(myList.next());
28        }
29     }
30  }
```

출력 14-5

```
One
Two
Three
Four
Five
Six
```

[코드 14-5]는 ArrayList를 Iterator로 표현한 예이다. ArrayList 구성요소에 접근하는 것은 줄 9에서 보듯이 get() 메서드를 사용해야하지만 [코드 14-5]에서는 Iterator의 next()와 hasNext()를 사용하여 접근하도록 하였다. 이렇게 Iterator를 적용하면, 단순배열이든 ArrayList이든 상관없이 동일한 접근 방법을 가지게 된다. 이렇게 구성요소 접근을 자료의 구조에 상관없이 단일한 방법으로 통일하면 다양한 구성을 가진 자료를 한 가지 방법으로 사용할 수 있어 일관성 있는 코드작성이 가능하다.

Iterator Pattern은 앞서 소개한 Iterator를 기존 자료 구조를 가지고 운영을 하는 객체에 적용하는 방법을 제시한다. [코드 14-5] 줄 18~24에서는 ArrayList를 사용하고 있다. 일반적으로 ArrayList를 가지고 이미 구현한 코드가 있다면 여기에 Iterator를 적용하기 위해서 Iterator Pattern을 사용한다.

코드 14-6 Item 객체

```
public class Item {
  private int ID;
  private String name;
  private int price;

  Item(int id, String name, int price) {
    this.ID = id;
    this.name = name;
    this.price = price;
  }
  public int getID() {
    return ID;
  }
  public String getName() {
    return name;
  }
  public int getPrice() {
    return price;
  }
}
```

[코드 14-6]은 단순한 'Item'객체를 구현하였다. 가격과 이름 그리고 제품번호를 가지는 간단한 구조이다. 이 객체를 운영하는 관리객체가 있다고 하자. 관리 객체는 'Item'의 집합을 다루어야 한다는 가정을 하겠다. 그리고 앞의 [코드 14-5]를 활용하기 위해 'Item' 집합은 ArrayList로 관리된다고 가정하겠다.

코드 14-7 Item Manager 객체

```
public class ItemManager {
  private ArrayList<Item> items = new ArrayList<Item>();

  public void addItem(Item newItem) {
    items.add(newItem);
  }
  public int numItem() {
    return items.size();
  }
  public Item getItem(int index) {
```

```
10        if(index < 0 || index > items.size()) return null;
11        return items.get(index);
12     }
13     public int getTotal() {
14        int sum = 0;
15        for(int i=0; i<items.size(); i++) {
16           sum += items.get(i).getPrice();
17        }
18        return sum;
19     }

20     public static void main(String[] args) {
21        ItemManager boss = new ItemManager();
22        boss.addItem(new Item(1, "Item1", 100));
23        boss.addItem(new Item(2, "Item2", 300));
24        boss.addItem(new Item(3, "Item3", 500));
25        boss.addItem(new Item(4, "Item4", 250))
26        boss.addItem(new Item(5, "Item5", 440));

27        for(int i=0; i<boss.numItem(); i++) {
28           Item myItem = boss.getItem(i);
29           System.out.format("%d: %s --- %d%n",
   myItem.getID(), myItem.getName(), myItem.getPrice());
30        }
31        System.out.println(" Total = " + boss.getTotal());
32     }
33  }
```

출력 14-7

```
1: Item1 --- 100
2: Item2 --- 300
3: Item3 --- 500
4: Item4 --- 250
5: Item5 --- 440
 Total = 1590
```

[코드 14-7]은 'Item' 집합을 관리하는 객체로써 addItem(), getItem(), getTotal()과 같은 메서드를 제공하여 'Item' 집합을 다루고 있다. [코드 14-7]의 줄 27~31에서 어떻게 Item의 집합을 다루고 있는지 보여준다. 이제 여기에 Iterator Pattern을 적용하여 [코드 14-7]의 main()메서드에서 'Item'집합을 다루는 방법을 Iterator에서

제공하는 표준적 접근방법을 사용하게 만들겠다. 먼저 [코드 14-5]를 조금 수정하여 'Item'을 이용하게 만들어보자.

코드 14-8 ArrayListIterator 객체

```
public class ArrayListIterator implements Iterator<Item> {
   private ArrayList<Item> dataCollection;
   private int index;

   ArrayListIterator(ArrayList<Item> dataArray ) {
      dataCollection = dataArray;
      index = 0;
   }
   public Item next() {
      return dataCollection.get(index++);
   }
   public boolean hasNext() {
      return (index < dataCollection.size());
   }
   public void remove() {
      System.out.println("Not implemeted yet.");
   }
}
```

[코드 14-5]와 [코드 14-8]을 비교해보면 단지 〈String〉이 〈Item〉으로만 바뀐 것을 볼 수가 있다. 물론 [코드 14-8]에는 main() 메서드가 없다. 이제 [코드 14-7] ItemManager를 수정해 보자.

코드 14-9 Iterator를 가지는 개선된 ItemManager 객체

```
public class ItemManager2 {
   private ArrayList<Item> items = new ArrayList<Item>();

   public void addItem(Item newItem) {
      items.add(newItem);
   }
   public int numItem() {
      return items.size();
   }
```

```
9	  public Item getItem(int index) {
10	    if(index < 0 || index > items.size()) return null;
11	    return items.get(index);
12	  }
13	  public int getTotal() {
14	    int sum = 0;
15	    for(int i=0; i<items.size(); i++) {
16	      sum += items.get(i).getPrice();
17	    }
18	    return sum;
19	  }
20	  public Iterator<Item> createIterator() {
21	    return new ArrayListIterator(items);
22	  }
23	}
```

[코드 14-9]는 Iterator Pattern을 적용하여 'ItemManager'를 개선하였다. 이제 'ItemManager'는 자신이 객체 집합을 다루는 방법 외에 줄 20~22에 정의 되어 있는 createIterator() 메서드를 통해 Iterator를 제공한다. 이렇게 함으로써 개발자가 의도하는 자료 집합에 접근하는 순서를 객체로 제공하게 된 것이다. 여기까지의 예제에서는 어쩌면 당연한 순서를 사용하였지만 개발자의 의도에 따라 여러 형태의 Iterator를 제공할 수 있다.

코드 14-10 Item Manager 객체

```
public static void main(String[] args) {
  ItemManager2 boss = new ItemManager2();
  boss.addItem(new Item(1, "Item1", 100));
  boss.addItem(new Item(2, "Item2", 300));
  boss.addItem(new Item(3, "Item3", 500));
  boss.addItem(new Item(4, "Item4", 250));
  boss.addItem(new Item(5, "Item5", 440));

  Iterator<Item> itemList = boss.createIterator();
  while(itemList.hasNext()) {
    Item myItem = itemList.next();
     System.out.format("%d:  %s  ---  %d%n", myItem.getID(), myItem.getName(), myItem.getPrice());
  }
```

```
13    System.out.println(" Total = " + boss.getTotal());
14  }
```

출력 14-10

```
1: Item1 --- 100
2: Item2 --- 300
3: Item3 --- 500
4: Item4 --- 250
5: Item5 --- 440
 Total = 1590
```

[코드 14-10]을 보면 줄 2~7까지는 [코드 14-7]과 동일하지만 줄 8~12까지는 Iterator만 이해하면 쉽게 순차적으로 객체에 접근하여 사용할 수 있음을 볼 수 있다. 이렇게 해서 내부 객체 구조 형태와 별개로 객체 접근 순서를 내재시키는 Iterator를 살펴보았다. 객체 접근 행동 양식을 개발자의 의도대로 통제하는 Iterator pattern은 행위 패턴 중에서도 그 활용을 이해하기가 조금 까다롭다. 하지만 의도적으로 객체에서 내부 자료나 객체의 구조를 감추고자 할 때는 매우 유용한 패턴이다.

Pattern Card Iterator Pattern

목적

여러 객체로 구성된 구조체의 내부구조를 공개하지 않고 차례로 각 객체를 접근할 수 있게 한다.

적용상황

여러 형태의 구조를 가지는 객체들을 하나씩 차례로 다루어야 하는 경우 또는 어떤 식으로 객체들이 구조화 되어야 하는지가 명확하지 않을 때 사용된다.

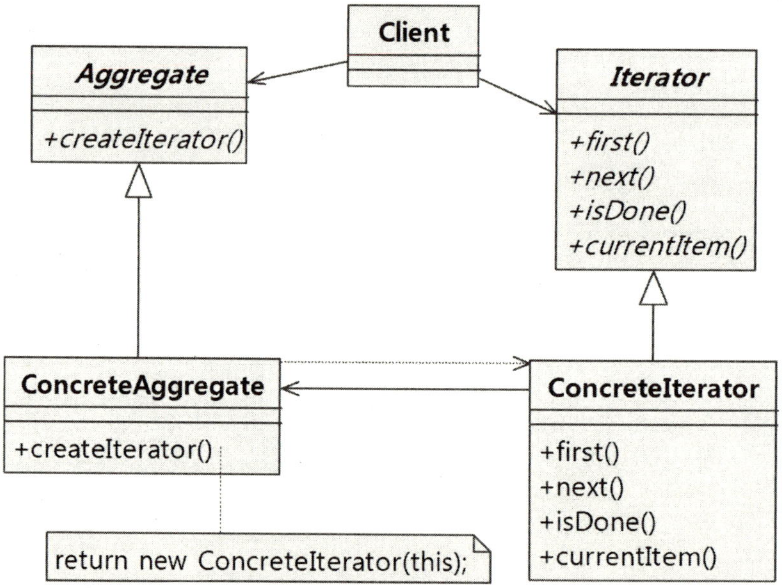

그림 14-2 Iterator Pattern

Workshop

아래 [그림 14-3]은 java.util에 정의 되어있는 Iterator API를 보여준다. 이 Iterator를 이용하여 문자열 Array이를 여러 방법으로 접근하려한다.

java.util
Interface Iterator<E>

public interface **Iterator<E>**

Method Summary	
boolean	hasNext() Returns true if the iteration has more elements.
E	next() Returns the next element in the iteration.
void	remove() Removes from the underlying collection the last element returned by the iterator (optional operation).

그림 14-3 Java의 Iterator

사용하게 될 자료는 다음과 같다.

```
String[] myData = {"One", "Two", "Three", "Four", "Five",
                   "Six", "Seven", “Eight", “Nine", Ten" };
```

Step 1 위 Array에서 0을 포함한 3의 배수 즉 0, 3, 6, 9위치에 있는 자료만을 접근하는 X3StringArray를 Iterator로 만들라.

Step 2 이번에는 동일한 Array에서 2의 배수 즉 2, 4, 6, 8위치에 있는 자료에만 접근하는 X2StringArray를 Iterator로 만들라.

Step 3 Step 1과 Step 2에서 만든X3StringArray와 X2StringArray를 사용하여 자료에 접근하는 예를 작성하라.

연습문제

1. 객체를 집합으로 관리하는 형태 세 가지를 쓰시오.

2. Depth Fisrt와 Breadth First를 간단히 설명하시오.

3. Iterator Pattern의 목적을 제시하시오.

4. Iterator Pattern이 적용되는 상황을 제시하시오.

5. Iterator는 (   ), (   ), 그리고 (   )라는 세 가지 개념만으로 모든 집합의 구성요소를 다룰 수 있게 한다.

6. Java에서 Iterator 인터페이스를 제공하는 패키지가 어느 것인지 제시하시오.

Workshop Answer

```
Step 1:
public class X3StringArray implements Iterator<String> {
   private String[] dataCollection;
   private int index;

   X3StringArray (String[] dataArray ) {
      dataCollection = dataArray;
      index = 0;
   }
   public String next() {
      int currentIndex = this.index;
      this.index += 3;
      return dataCollection[currentIndex];
   }
   public boolean hasNext() {
      return (index < dataCollection.length);
   }
}

Step 2:
public class X2StringArray implements Iterator<String> {
   private String[] dataCollection;
   private int index;

   X2StringArray (String[] dataArray ) {
      dataCollection = dataArray;
      index = 2
   }
   public String next() {
      int currentIndex = this.index;
      this.index += 2;
      return dataCollection[currentIndex];
```

```
    }
    public boolean hasNext() {
        return (index < dataCollection.length);
    }
}

Step 3:
public static void main(String[] args) {
    String[] myData = {"One", "Two", "Three", "Four", "Five",
                    "Six", "Seven", "Eight", "Nine", Ten" };
    X2StringArray slow = new X2StringArray(myData);
    X3StringArray fast = new X3StringArray(myData);

    while(slow.hasNext()) {
        System.out.println((String)slow.next());
    }
while(fast.hasNext()) {
        System.out.println((String)fast.next());
    }
}
```

행위패턴 – 객체 협력 작업의 분할

15 Template Method Pattern

일과 각 단계를 큰 그림에서부터 자세히 정의하는 방법은 인간이 사용하는 자연스러운 방법이다. 또한 업무를 단계별로 정의하고 정의된 단계를 세부적으로 묘사하는 방법도 흔히 사용되는 방법이다.

예를 들어 식당에서 음식을 시켜먹는 것을 단계별로 생각해보면 "1. 식당에 들어가 2. 자리에 앉고 3. 음식을 주문해서 4. 음식이 나오면 5. 먹는다"라는 다섯 단계로 생각해볼 수 있다. 하지만 각 단계는 모두 달라질 수 있다. 식당에 들어가는 것만 해도 그냥 들어갈 수도 있지만, 손님이 많아 기다렸다 들어갈 수도 있고, 고급식당에 안내원이 나와 안내를 받아 들어갈 수도 있다. 음식을 주문하는 방법도 여러 가지가 될 수 있을 것이다.

Template Method Pattern은 이러한 단계를 미리 정해놓고 자세한 내용은 나중에 처리하도록 강제하고 싶을 때를 위한 패턴이다. 이러한 의도를 프로그램에 적용하기 위해서는 자바에서 제공하는 추상클래스의 이해가 필요하다. 먼저 추상 클래스와 인터페이스를 살펴보기로 하자.

코드 15-1 Abstract Class vs. Interface

```
public interface Interface {
   public String showMe();
}

public abstract class AbstractClass {
   public String showMe();
}
```

자바의 인터페이스는 원하는 메서드를 미리 선언하고 선언된 메서드를 상속받은 객체가 구현하도록 강제하는 역할을 한다. [코드 15-1]는 인터페이스와 추상 클래스의 차이를 보여준다. 추상클래스와 인터페이스 모두 앞으로 상속되어 만들어질 객체의 기본형을 제공하여 준다는 점에서는 비슷하지만 약간의 차이가 있다. 줄 1~3의 Interface라는 인터페이스는 앞으로 상속되어 만들어질 객체는 showMe() 라는 메서드를 가져야 한다는 의도를 보여주고 있으며 완전한 형태이다. 하지만 줄 4~6의 AbstractClass라는 추상클래스는 같은 의도를 가지고 있지만 컴파일러는 줄 5 showMe()의 "body({})"가 없다는 오류를 발생시킨다. 이를 일치시키기 위해서는 showMe() 메서드도 추상화시켜야 한다.

코드 15-2 Abstract Method

```
public abstract class AbstractClass {
        public abstract String showMe();
}
```

[코드 15-2]는 추상 메서드를 가지는 추상클래스로 'AbstractClass'객체를 수정하였다. 이렇게 하면 [코드 15-1]의 줄 1~3 Interafce 인터페이스와 동일한 역할을 하는 코드가 된다. 즉 추상 메서드를 가지는 추상클래스가 바로 인터페이스라고 생각해야 한다는 것이다. 또한 추상클래스는 인터페이스처럼 추상 메서드를 통하여 인터페이스처럼 자신을 상속받아 만들어지는 객체에 어떤 메서드를 구현해야 한다는 의도를 프로그래밍할 수 있게 한다. 또한 추상 메서드로 만들어진 메서드는 추상클래스에서 바로 이용할 수 있다. 아직 상속받은 클래스가 만들어지지 않았더라도 (즉, 코드가 구현되어 있지 않아도) 추상 메서드를 이용하는 것에는 문제가 없다.

코드 15-3 AbstractClass 활용

```
public abstract class AbstractClass {
   public abstract String showMe();
   public void printMessage() {
      System.out.print("As you can see, ");
      System.out.print(showMe());
      System.out.println(" is my name.");
```

```
7        }
8     }

9     public class Smith extends AbstractClass {
10       @Override
11       public String showMe() {
12          return "Smith";
13       }

14       public static void main(String[] args) {
15          AbstractClass myObject = new Smith();
16          myObject.printMessage();
17       }
18    }
```

출력 15-3

```
1     As you can see, Smith is my name.
```

[코드 15-3]은 추상 메서드를 추상 클래스의 다른 메서드에서 사용하는 예를 보여준다. 줄 1~8에 있는 AbstractClass는 줄 9~13에 있는 'Smith' 객체를 만들기 전에 줄 3~7에 있는 printMessage()안에서 showMe() 메서드를 호출하여 사용하고 있다. 줄 5에서 사용된 showMe() 메서드는 Smith객체가 만들어지면서 줄 11~13에서 정의되었다. [출력 15-3]을 보면 'Smith'를 제외한 나머지 "As you can see,"와 "is my name."는 'AbstractClass'의 printMessage()에서 생성되었고 "Smith"는 'Smith'객체의 showMe()에서 생성되었다.

이러한 추상 메서드의 활용은 앞서 논의한 상세 단계 정의 없이 거시적 단계를 다룰 수 있게 해준다. 예를 들어 프로그램 프레임워크를 만든다고 할 때 모든 프로그램은 1.작업 영역을 잡고 2.제목과 상태 바를 만들어 붙이고 3.메뉴를 붙인 후 4.작업 영역을 설정하여 주는 단계를 밟는다. 물론 각 단계는 프레임 워크에서 제공하지 않고 프레임 워크를 이용한 응용 프로그램이 상속을 받을 때 각 상세 단계를 정의할 것을 요구하면 상세단계 구현없이 처리 절차를 프로그램 할 수 있다.

본 서에서 다룰 수 있는 작은 예제로 같은 내용을 보여줄 수 있도록 상품 거래를 위한 사례를 생각해 보자. 상품 거래를 위해서는 1.거래를 먼저 만들고 2.판매될 상품 목록을 만들고 3.합계를 내어 할인 적용을 하고 4.세금을 계산하는 4개 단계를 거친다고 하자. 상품을 위해서는 [코드 14-7]의 'ItemManager'를 사용하겠다.

물론 [코드 14-6]의 'Item'객체도 사용된다. 판매자 정보를 위해 'Customer' 객체만 여기서 정의하겠다.

코드 15-4 Customer객체

```
public class Customer {
   private String name;
   private int discountRate;

   Customer(String name, int discountRate) {
      this.name = name;
      this.discountRate = discountRate;
   }
   public String getName() {
      return name;
   }
   public int getDiscountRate() {
      return discountRate;
   }
}
```

[코드 15-4]는 간단한 'Customer' 객체를 정의하고 있다. 이 'Customer'객체는 이름과 할인 정보만을 가진다. 이제 'Item'과 'ItemManager' 그리고 'Customer'가 준비 되었으니 4단계 상품 거래를 위한 'Sales'객체를 추상 클래스로 정의하겠다.

코드 15-5 Sales객체

```
public abstract class Sales {
   public void processSales(Customer customer) {
      openSales(customer);
      int total = addItems();
      int amount = subTotal(total);
      calcTax(amount);
   }
   public abstract void openSales(Customer customer);
   public abstract int addItems();
   public int subTotal(int sum) {
      return  sum - applyDiscount(sum);
   }
      public abstract int applyDiscount(int price);
```

```
14    public abstract void calcTax(int amount);
15  }
```

[코드 15-5]의 줄 2~7을 보면 전체적인 절차를 단계별로 정의하고 있다. 이 메서드의 각 단계는 아직 구현되어 있지 않다. 줄 3, 4, 6에서 사용된 openSales(), addItems() 그리고 calcTax()는 아래 줄 8, 9, 14에 추상 메서드로 선언되어있어 이 객체를 상속받은 객체에서 구현해야 한다. 반면 줄 5의 subtotal()은 줄 10에 정의되어 있어 추상객체 안에 구현된 코드를 사용해도 무관함을 보인다. 물론 줄 11과 줄 13을 살피면 전체 단계를 정의하는 서브 단계에서도 같은 방법이 사용될 수 있음을 볼 수 있다. 다음은 이 Sales 추상객체를 구현하여 실제 코드 작동이 어떻게 일어나는지 살펴보자.

코드 15-6 SaleCase1 객체

```
public class SaleCase1 extends Sales {
  private Customer customer;
  private ItemManager list = new ItemManager();

  @Override
  public void openSales(Customer customer) {
    this.customer = customer;
  }
  @Override
  public int addItems() {
    for(int i=0; i<list.numItem(); i++) {
      Item myItem = list.getItem(i);
      System.out.format("%d: %s --- %d%n",
 myItem.getID(), myItem.getName(), myItem.getPrice());
    }
    System.out.println(" Total  =  " + list.getTotal());
    return list.getTotal();
  }
  @Override
  public int applyDiscount(int price) {
    int discount;
    discount = customer.getDiscountRate() * price;
    discount /= 100;
    System.out.println("Discount: " + discount);
```

```
23         return discount;
24      }
25      @Override
26      public void calcTax(int amount) {
27         int Tax = (int)(.08 * amount + 0.5);
28         System.out.println("Tax: " + Tax);
29         System.out.println("Grand Total: " + amount);
30      }
31      public void addItem(Item item) {
32         list.addItem(item);
33      }

34      public static void main(String[] args) {
35         SaleCase1 sale1 = new SaleCase1();

36         sale1.addItem(new Item(7, "Item7", 400));
37         sale1.addItem(new Item(2, "Item2", 800));
38         sale1.addItem(new Item(5, "Item5", 500));

39         sale1.processSales(new Customer("EunHo", 12));
40      }
41   }
```

출력 15-6

```
7: Item7 --- 400
2: Item2 --- 800
5: Item5 --- 500
 Total  =  1700
Discount: 204
Tax: 120
Grand Total: 1496
```

[코드 15-6]의 줄 5, 9, 18, 26을 보면 'Sales' 추상 객체에서 요청한 메서드를 구현하였음을 볼 수 있다. 전체적으로 보면 줄 36~38에서 'Item'을 등록시키고 Sales 추상 클래스에 정의 되어 있는 processSales() 메서드를 실행하는 것으로 되어있다. 하지만 이 processSales()는 줄 5에 있는 openSale()을 구동하여 Customer를 등록하고 줄 9의 addItems()를 구동시킨다. 다음으로 할인율을 적용하였고 마지막으로 calcTax()를 통해 거래액 전체에서 세금이 차지하는 비율을 계산하는 것으로 구성되어 있다. 하지만 세금을 별도로 계산하여 할인가격에 더하여 총액을 계산하는 방식으

로 calcTax()를 구성할 수도 있다. 즉 절차의 변화없이 적용 단계의 변화만을 가지는 다른 객체 구성이 가능하다.

코드 15-7 SaleCase3 객체

```
public class SaleCase3 extends Sales {
  private Customer customer;
  private ItemManager list = new ItemManager();

  @Override
  public void openSales(Customer customer) {
    this.customer = customer;
  }
  @Override
  public int addItems() {
    for(int i=0; i<list.numItem(); i++) {
      Item myItem = list.getItem(i);
      System.out.format("%d: %s --- %d%n",
myItem.getID(), myItem.getName(), myItem.getPrice());
    }
    System.out.println(" Total  =  " + list.getTotal());
    return list.getTotal();
  }
  @Override
  public int applyDiscount(int price) {
    int discount;
    discount = customer.getDiscountRate() * price;
    discount /= 100;
    System.out.println("Discount: " + discount);
    return discount;
  }
  @Override
  public void calcTax(int amount) {
    int Tax = (int)(.08 * amount + 0.5);
    System.out.println("Tax: " + Tax);
    System.out.println("Grand Total: " + (amount + Tax));
  }
  public void addItem(Item item) {
    list.addItem(item);
  }

  public static void main(String[] args) {
```

```java
        SaleCase3 sale3 = new SaleCase3();

        sale3.addItem(new Item(7, "Item7", 400));
        sale3.addItem(new Item(2, "Item2", 800));
        sale3.addItem(new Item(5, "Item5", 500));

        sale3.processSales(new Customer("EunHo", 12));
    }
}
```

출력 15-7

```
7: Item7 --- 400
2: Item2 --- 800
5: Item5 --- 500
 Total  =  1700
Discount: 204
Tax: 120
Grand Total: 1616
```

[코드 15-7]이 [코드 15-6]과 다른 것은 calcTax()뿐이다. [코드 15-5] 'Sales' 추상객체는 이렇게 상속받은 하위 클래스에서 단계를 정의하게 함으로써 전체적인 절차를 유지해 나갈 수 있게 한다. [코드 15-5]의 processSales()와 같은 메서드를 Template Method라 하며 이를 활용하는 방법을 정리한 것이 Template Method Pattern이다.

Pattern Card Template Method Pattern

목적

알고리즘을 단계로 나누어 추상화된 오퍼레이션을 정의하고 이들 오퍼레이션으로 알고리즘을 구현하고자 한다. 몇몇 추상화된 오퍼레이션은 subclass에서 정의하게 하여 알고리즘의 구조를 건드리지 않고도 알고리즘 단계를 재정의하게 한다.

적용상황

어떤 일을 처리하는 알고리즘이 추상적인 처리단계로 나누어지면서 몇몇 단계가 경우에 따라 달라질 경우, 알고리즘을 여러 단계로 나누어 여러 개의 오퍼레이션으로 만들고 이 중 몇몇 오퍼레이션을 서브클래스에서 정의하게 한다. 전체 알고리즘은 나누어진 오퍼레이션을 method로 만들어 호출만으로 구성할 수 있다.

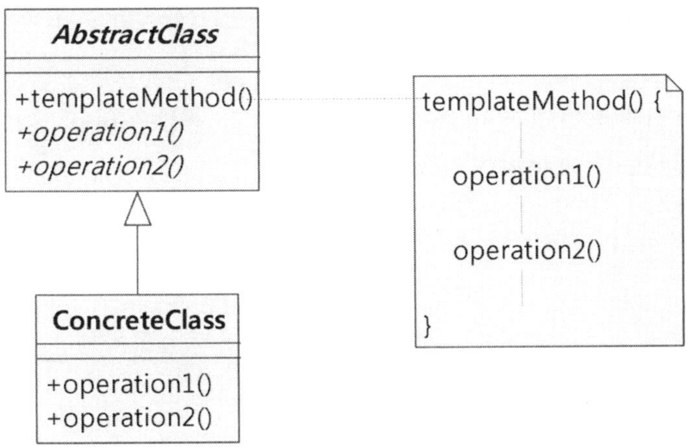

그림 15-1 Template Method Pattern

Workshop

Step 1 Present라는 추상 객체를 만들고 prepare()라는 template method를 제공하라. Present 객체는 상속 객체들에게 select(), wrapping() 그리고 writeCard()라는 메서드를 만들도록 강요하여야 하며prepare() 메서드에서는 select(), wrapping() 그리고 writeCard() 순으로 메서드 호출이 이루어져야 한다. (select(), wrapping() 그리고 writeCard()의 반환형은 void이고 writeCard() 메서드는 String형의 매개변수 message를 가진다.)

Step 2 Present를 상속받는 Ring 객체를 만들어라. Ring의 select()는 "반지를 고르셨습니다."라고 출력하며 wrapping()은 "선물상자에 넣었습니다."라고 출력한다.

Step 3 자신에 취향에 맞는 Present를 상속받는 객체를 하나 만들고 prepare() 메서드를 호출하여 결과를 확인하라.

연습문제

1. 식당에서 음식을 시켜 먹는 것을 단계별로 생각해보라.

2. 추상클래스와 인터페이스의 공통점과 차이점에 대해 간단히 설명해보시오.

> (　　　　　　　　　)은 단계를 미리 정해 놓고 자세한 내용은 나중에 처리하도록 강제하고 싶을 때를 위한 패턴이다.

3. Template Method Pattern의 목적은 무엇인가?

4. Template Method Pattern을 적용할 수 있는 상황을 제시하시오.

5. Template Method Pattern에서 추상클래스 역할로 인터페이스를 사용할 수 없는 이유는 무엇인가?

6. Template Method Pattern이 사용되고 있을 때, 반드시 구현해야할 메서드는 무엇인가?

Workshop Answer

Step 1:

```
abstract class Present {
   public abstract void select();
   public abstract void wrapping();
   public abstract void writeCard(String message);

   public void prepare() {
      select();
      wrapping();
      writeCard("구매해 주셔서 감사합니다.");
   }
}
```

Step 2:

```
class Ring extends Present {
   public void select() {
      System.out.println("반지를 고르셨습니다.");
   }
   public void wrapping() {
      System.out.println("선물 상자에 넣었습니다.");
   }
   public void writeCard(String message) {
      System.out.println(message);
   }
}
```

```
Step 3:
class Rose extends Present {
   public void select() {
      System.out.println("장미 한 송이");
   }
   public void wrapping() {
      System.out.println("마음에 담아");
   }
   public void writeCard(String message) {
      System.out.println(message);
   }

   public static void main(String[] args) {
      Present myPresent = new Rose();
      myPresent.prepare();
   }
}
```

행위 패턴 요약 카드

Pattern Card Observer Pattern

목적

한 객체의 변화를 다른 객체들이 감지하여 그 변화에 따른 대응을 하여야 하는 경우를 다루는 일 대 다의 객체 관계를 정의할 수 있게 한다.

적용상황

어떤 일이 벌어졌을 때 그 일이 발생한 것을 알아야 할 객체가 여러 개 있을 때 또는 앞으로 그러한 객체들이 추가될 수 있을 때 사용된다.

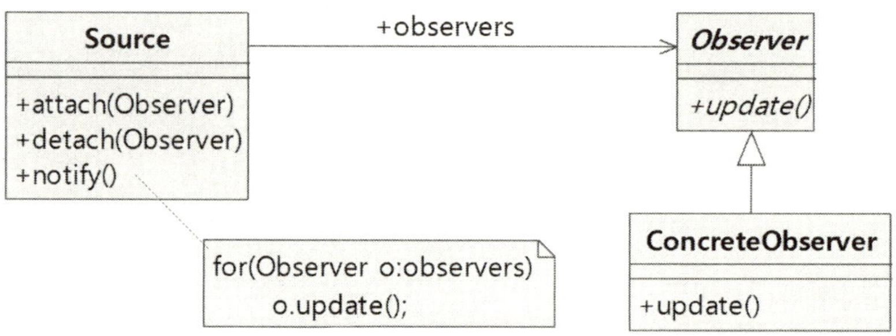

Pattern Card Strategy Pattern

목적

외부에서 알 수 없도록 다양한 알고리즘을 캡슐화하여 바꾸어가면서 사용할 수 있게 만든다. 각 알고리즘은 서로 대체가 가능하며 나아가 독립적인 추가나 변형이 가능하다.

적용상황

여러 개의 알고리즘 또는 비즈니스 룰이 적용가능하며, 이를 동적으로 바꾸어야 할 경우 또는 새로운 알고리즘이나 비즈니스 룰이 도입될 수 있을 때 이를 수용하기 위해 사용된다.

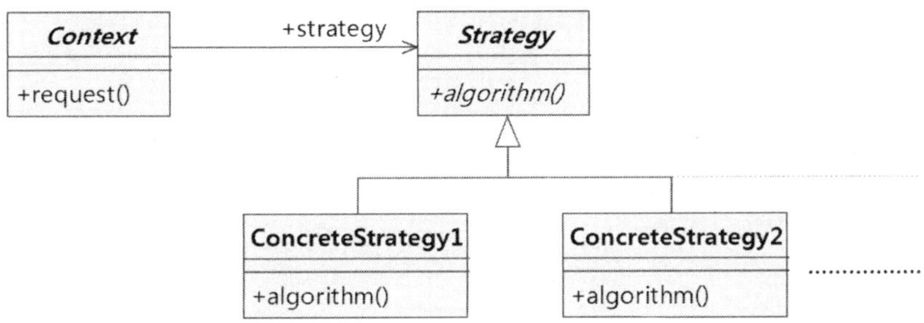

Pattern Card State Pattern

목적

객체 내부상태가 바뀜에 따라 객체의 행위가 변할 수 있게 만들어 객체가 바뀐 것처럼 보이게 한다.

적용상황

어떤 상황이 발생하였을 때 이를 대응하는 방법이 시스템의 상태 또는 객체의 상태에 따라 바뀌는 경우 즉 객체 내부 상황에 따라 행위가 바뀌어야 하는 경우 사용된다. State 패턴을 적용하기 전에 시스템 또는 객체가 가지게 될 상황이 몇 가지나 되는 지, 어떤 일이 발생하였을 때 대응(상태 변화)하여야 하는 지, 그리고 상태 변환을 어떻게 처리해야 하는 지를 결정하여야 한다.

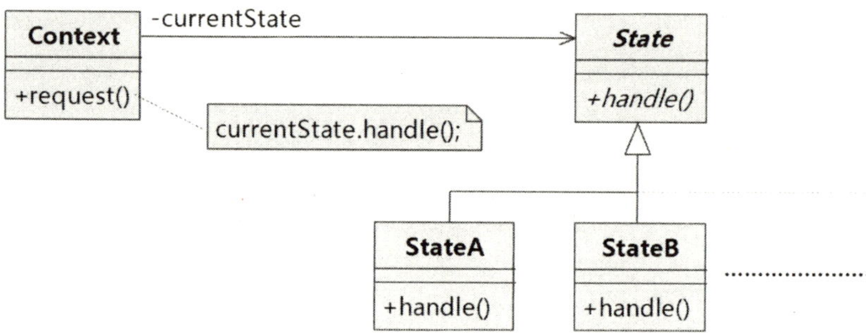

Pattern Card Command Pattern

목적

다양한 요청을 객체로 만들어 요청 자체를 매개변수로 사용할 수 있게 한다. 이를 통해 요청을 기록하거나 큐에 순서대로 저장할 수 있게 하며 나아가 요청을 취소할 수 있게 한다.

적용상황

여러 객체 등을 이용하는 방법이 달라 명령을 따로 내려야 하는 상황에서 이들 이용방법을 통일시켜 처리할 것이 있을 때 사용된다. 일단 여러 객체 또는 디바이스를 이용하는 방법이 통일되면 이들 통일된 방법으로 처리해야 할 일들을 나열하거나 저장할 수도 있고 여러 개의 일을 묶어 하나의 일로 정의가 가능하다.

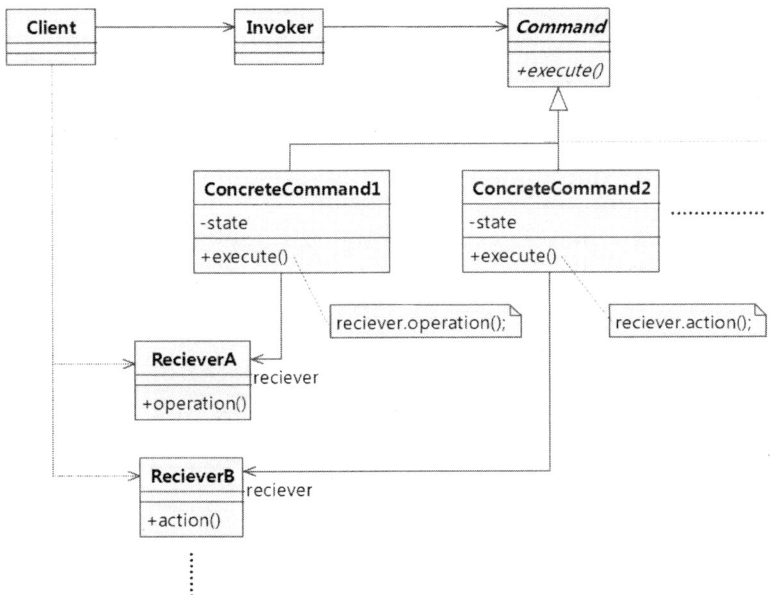

Pattern Card Iterator Pattern

목적

여러 객체로 구성된 구조체의 내부구조를 공개하지 않고 차례로 각 객체를 접근할 수 있게 한다.

적용상황

여러 형태의 구조를 가지는 객체들을 하나씩 차례로 다루어야 하는 경우 또는 어떤 식으로 객체들이 구조화 되어야 하는지가 명확하지 않을 때 사용된다.

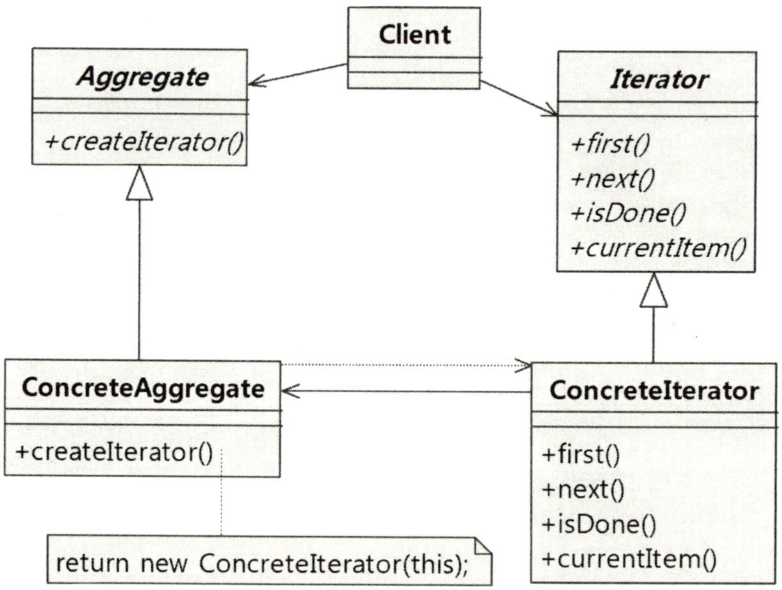

Pattern Card Template Method Pattern

목적

알고리즘을 단계로 나누어 추상화된 오퍼레이션을 정의하고 이들 오퍼레이션으로 알고리즘을 구현하고자 한다. 몇몇 추상화된 오퍼레이션은 subclass에서 정의하게 하여 알고리즘의 구조를 건드리지 않고도 알고리즘 단계를 재정의하게 한다.

적용상황

어떤 일을 처리하는 알고리즘이 추상적인 처리단계로 나누어지면서 몇몇 단계가 경우에 따라 달라질 경우, 알고리즘을 여러 단계로 나누어 여러 개의 오퍼레이션으로 만들고 이 중 몇몇 오퍼레이션을 서브클래스에서 정의하게 한다. 전체 알고리즘은 나누어진 오퍼레이션을 method로 만들어 호출만으로 구성할 수 있다.

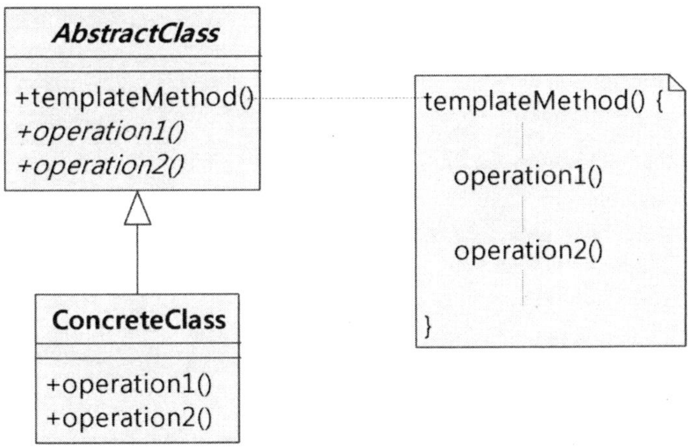

패턴의 조합

16 MVC Pattern

가장 많이 언급된 패턴 중 하나가 바로 MVC(Model-View-Controller)패턴일 것이다. MVC 패턴은 1979년 Smalltalk-80을 작업하며 노르웨이 컴퓨터 엔지니어인 "Trygve Reenskaug"가 설계하였다고 알려져 있다. 하지만 MVC패턴은 일반 패턴과 달리 여러 패턴이 합쳐져서 구성된, GUI환경의 사용자 상호작용이 활발한 작업에 적합한 패턴의 조합으로 보는 견해가 있다.

실제로 MVC 패턴은 Observer Pattern, Strategy Pattern, 그리고 Composite Pattern으로 이루어져있고 여기에 덧붙여 Factory Method Pattern과 Decorator Pattern 까지도 합쳐져서 사용된다. 물론 여기서 가장 주된 역할을 하는 패턴은 Observer Pattern과 Strategy Pattern이다. 본 서의 목적이 단순한 형태로 각 패턴의 이해를 높이고자 하는 것이므로 여기서는 Observer Pattern과 Strategy Pattern의 조합으로서 MVC 패턴을 다루겠다.

MVC 패턴에서는 3종류의 객체를 정의한다. Model은 응용프로그램에서 생산되고 표현되는 데이터를 다루고 View는 화면에 출력되는 형태를 다루고 Controller는 View가 사용자 입력에 따라 어떻게 반응해야 하는지를 정의한다. 이렇게 각 역할을 명확하게 분리하여 객체 관리가 쉽게 한다. Model의 데이터가 바뀜에 따라 View는 갱신되어야 하며 한 개의 Model에 여러 View가 연결되어야 한다.

이러한 관계를 정리한 패턴이 바로 Observer Pattern이다. 즉 Observer Pattern이 View와 Model의 관계를 위해 사용된다. 10장에서 소개한 Observer Pattern은 일대다(1 - n)관계를 가지는 객체들을 다루는데 Subject객체가 바뀌면 모든 Observer객체가 갱신되는 방법을 제공한다. 여기서 View가 Observer이고 Model이 Subject에 대응된다.

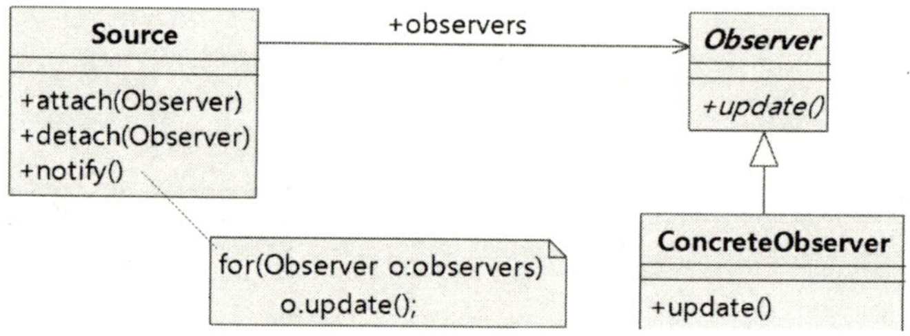

그림 16-1 Observer Pattern

Controller는 View가 사용자 입력에 따라 어떻게 반응해야 하는지를 결정해주는 역할을 하는 것이어서 View가 사용자 입력에 다르게 반응하여야 한다면 Controller를 바꿀 수 있어야 한다. 이러한 관계를 정리하고 있는 패턴은 11장에서 소개한 Strategy Pattern이다. Strategy Pattern은 동일요청에 대하여 그 처리방법을 캡슐화하여 처리방법을 대체 가능한 형태로 만들어 준다.

MVC 패턴에서는 View가 Context 객체가 되고 Controller가 Strategy 객체에 대응하는데, Strategy인 Controller가 바뀌더라도 Context인 View는 아무런 변경 없이 사용자 입력에 다르게 반응할 수 있다. [그림 16-2]

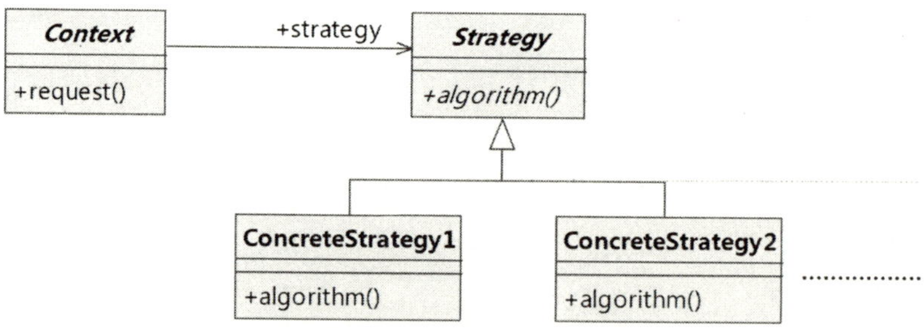

그림 16-2 Strategy Pattern

이제 앞에서 본 관계를 정리하여 하나의 그림으로 모아보면 [그림 16-3]과 같이 된다. 왼쪽으로 4개의 객체가 [그림 16-1]의 Observer Pattern에 대응하는 것이고 오른쪽 2개의 객체와 중앙 상단의 View객체가 [그림 16-2]의 Strategy Pattern에 대응함을 알 수 있다.

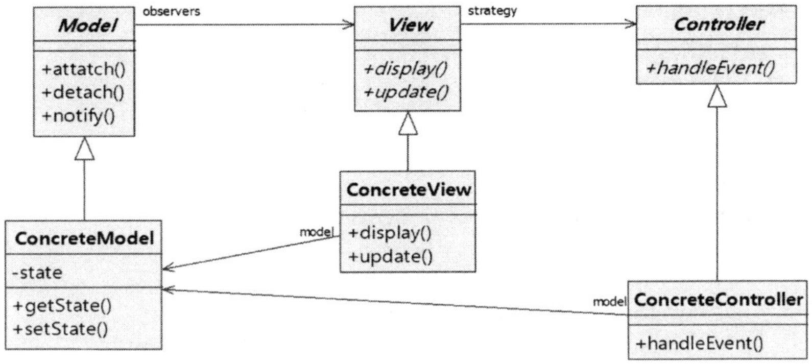

그림 16-3 MVC 패턴

[그림 16-3]에서 볼 수 있듯이 Model과 View는 각각 observers와 strategy를 관리해야 하므로 인터페이스로 구현하지 않고 추상 클래스로 구현하여야 한다. [코드 16-1], [코드 16-2], [코드 16-3]은 각각 Model, View, Controller를 구현한 것이다.

코드 16-1 Model 추상 클래스

```
public abstract class Model {
  private ArrayList<View> observers =
 new ArrayList<View>();

  public void attach(View view) {
    observers.add(view);
  }
  public void detach(View view) {
    observers.remove(view);
  }
  public void sendNotice() {
    for(View view:observers) {
      view.update();
    }
  }
}
```

코드 16-2 View 추상클래스

```
1  public abstract class View {
2     private Controller strategy;

3     public abstract void update();
4     protected View() { }
5     protected View(Controller controller) {
6        this.strategy = controller;
7     }
8     public void event(int inData) {
9        strategy.handleEvent(inData);
10    }
11 }
```

코드 16-3 Controller 인터페이스

```
public interface Controller {
   public void handleEvent(int inData);
}
```

앞에서 Observer Pattern과 Strategy Pattern을 자세히 다루었으므로 다른 부연 설명을 줄이고 주요 부분만을 설명하겠다. [코드 16-1]의 Model은 Observer의 전형적인 Subject 형태를 띈다. 만일 Model에서 제공하는 정보의 종류가 여러 개라면 정보의 종류에 따른 별도의 Observers 리스트를 운영하게 만들 수 있다. [코드 16-2]의 'View'는 실제 상황에서 가장 복잡한 객체가 될 수 있다. 'View'를 구성할 때 Composite Pattern을 적용하기도 하고 Decorator Pattern이 적용될 수도 있다.

여기서는 앞서 논의 한 것처럼 Observer Pattern과 Strategy Pattern만 적용하였다. [코드 16-2]의 줄 3에는 Observer로서 update() 메서드를 정의하게 하고 있으며 Strategy Pattern을 적용하기 위해 줄 2에 Controller에 대한 참조를 준비하고 줄 8~10에 사용자 반응에 따라 여러 전략을 구사할 수 있도록 event() 메서드에서 Controller에 사용자 반응에 대한 대응을 위임하였다.

MVC 패턴은 GUI환경과 더불어 나타난 패턴이어서 Presentation Layer의 주요성이 강조되는 응용프로그램에 적합한 패턴이다. 따라서 본 서와 같이 지면에 한계가 있는 경우 실제 구현을 보이는데 한계가 있다. 하지만 기본 골격을 설명하기 위해 키보드 입력만으로 동작할 수 있는 매우 간단한 구현 객체를 각 객체로부터 상속시켜 구현하겠다.

코드 16-4 Concrete Model 객체 구현

```
1   public class SampleModel extends Model {
2      private int number;
3      private String note;

4      public int getNumber() {
5         return number;
6      }
7      public String getNote() {
8         return note;
9      }
10     public void setData(int number, String note) {
11        this.number = number;
12        this.note = note;
13        this.sendNotice();
14     }
15     public void incNumber() {
16        setData(number + 1, note + "*");
17     }
18  }
```

[코드 16-4]에서 'SampleModel' 이라는 객체를 보이고 있다. 'Model'에서 상속되었고 두 개의 데이터 number와 note를 가지고 있다. 물론 실제 모델에서는 여러 가지 정보가 생산되겠지만 예를 위한 데이터이며 특별한 의미나 목적이 있는 것은 아니다. 단지 이 정보가 변할 때마다 전체 MVC에 변화가 생기는 것을 보이고자 한다. 줄 4, 7, 10, 15에 있는 각 메서드들은 number와 note를 다루는 메서드이다. 줄 10~14 setData() 메서드는 number와 note 값을 변화시키는 실제 코드이다. 줄 13을 보면 데이터 값의 설정 후 sendNotice()를 부르고 있음을 주의해서 보아야 한다.

자료의 변화는 이 sendNotice()를 통해 Observer로 등록된 각 'View'에 전달된다.

코드 16-5 Concrete View 객체 구현

```
public class ListView extends View {
   private SampleModel model;

   ListView(SampleModel model) {
      this.model = model;
   }
   @Override
   public void update() {
      display();
   }
   public void display() {
      System.out.format("%d: %s %n%n", model.getNumber(),
 model.getNote());
   }
}
```

[코드 16-5]는 'Concrete View'객체를 하나 만들어 본 것이다. 아직 구현된 Controller를 만들지 않았으므로 일단은 Observer로써의 역할만을 구현하였다. 주된 부분은 update() 메서드를 만든 것이고 GUI환경이 아니므로 그냥 화면에 출력라인 한 줄 찍어 주는 형태를 취하였다.

코드 16-6 Observer 작동 테스트

```
public static void main(String[] args) {
   SampleModel testModel = new SampleModel();
   View view1 = new ListView(testModel);

   testModel.attach(view1);
   testModel.setData(1, "Test");
   testModel.setData(2, "View");
   testModel.setData(3, "Observer");
}
```

출력 16-6

```
1: Test
2: View
3: Observer
```

[코드 16-6]은 [코드 16-4]에서 만든 'SampleModel'과 [코드 16-5]의 'ListView' 객체간의 Observer Pattern이 잘 적용되었는지 검사를 위한 것으로 'Model'에 변화가 있을 때 'View'에 나타나고 있음을 [출력 16-6]에서 확인 할 수 있다.

코드 16-7 Concrete Controller 객체 구현

```
1  public class T1Controller implements Controller {
2     private SampleModel model;

3     T1Controller(SampleModel model) {
4        this.model = model;
5     }
6     @Override
7     public void handleEvent(int inData) {
8        switch(inData) {
9        case 'i':
10          model.incNumber();
11          break;
12       case 's':
13          model.setData(1, "Reset");
14          break;
15       }
16    }
17 }
```

[코드 16-7]은 'T1Controller'라는 'Controller'를 구현하였다. 줄 7 handleEvent()에서는 사용자 반응(여기서는 키 입력)에 대응하는 방법을 제시하고 있다. 입력이 'i'일 때와 's'일 때 반응하도록 되어 있다. 이 'Controller'를 'View'와 Strategy Pattern을 구성하도록 확장된 'Concrete View'가 필요하다.

코드 16-8 Concrete View의 확장

```
1  public class ColumnView extends View {
2      private SampleModel model;

3      ColumnView(SampleModel model, Controller controller) {
4          super(controller);
5          this.model = model;
6      }
7      @Override
8      public void update() {
9          display();
10         getUserInput();
11     }
12     public void display() {
13         System.out.format("<<< %d >>>%n",
   model.getNumber());
14 System.out.format(" %s.%n%n", model.getNote());
15     }
16     public void getUserInput() {
17         try {
18             int num = System.in.read();
19             event(num);
20         } catch (IOException e) {
21             e.printStackTrace();
22         }
23     }
24 }
```

[코드 16-8]에서는 완전한 'Concrete View'를 구현하였다. [코드 16-5]와는 달리 'Controller'를 등록하고 display() 이후에 getUserInput()에서 사용자 반응을 받고 있다. 물론 실제 GUI환경에서는 더 복잡하고 화려한 구현이 있겠지만 여기서는 문자 한 개를 받아들이는 것으로 대신하려 한다. 이 사용자 반응은 (비록 문자 한 개이지만) 'Controller'에 전달되어 해석된다. 줄 19의 event()메서드는 [코드

16-2]에 정의되어 있고 줄 3에서 등록 된 'Controller'에 의해 동작이 결정된다.

코드 16-9 Observer 작동 테스트

```
1  public static void main(String[] args) {
2    SampleModel testModel = new SampleModel();
3    View view1 = new ListView(testModel);
4    View view2 = new ColumnView(testModel,
    new T1Controller(testModel));

5    testModel.attach(view1);
6    testModel.attach(view2);
7    testModel.setData(1, "Test");
8  }
```

출력 16-9

```
1: Test
<<< 1 >>>
 Test.
i   키보드 입력
2: Test*
<<< 2 >>>
 Test*.
i   키보드 입력
3: Test**
<<< 3 >>>
 Test**.
s   키보드 입력
1: Reset
<<< 1 >>>
 Reset.
i   키보드 입력
2: Reset*
<<< 2 >>>
 Reset*.
```

[코드 16-9]는 멀티 View'를 사용하는 예제를 보이고 있다. [코드 16-5]의 'ListView'와 [코드 16-8]의 'ColumnView'가 줄 5, 6에서 각각 등록되어 'Model'에 변화가 있을 때마다 동시에 출력을 내보내고 있다. 사용자 입력에 대한 반응은 'ColumnView'만이 다룰 수 있다. 마지막으로 [코드 16-10]에서는 'View'를

attach()하였다가 detach()하여 제거하고 다른 'View'를 attach()하는 흐름을 보인다. 사용자 반응에 따라 'View'를 전환하면서 진행하는 프로그램에서 사용되는 전형적인 적용방법을 보여준다.

코드 16-9 Observer 작동 테스트

```
public static void main(String[] args) {
   SampleModel testModel = new SampleModel();
   View view1 = new ColumnView(testModel, new T1Controller(testModel));
   View view2 = new ListView(testModel);

   testModel.attach(view1);
   testModel.setData(1, "First");
   testModel.detach(view1);
   testModel.attach(view2);
   testModel.setData(2, "Second");
}
```

출력 16-9

```
<<< 1 >>>
 First.
i   키보드 입력
<<< 2 >>>
 First*.
s   키보드 입력
<<< 1 >>>
 Reset.
  키보드 입력
2: Second
```

연습문제

1. MVC 패턴을 사용하는 Framework에는 어떤 것이 있는지 대표적인 3가지를 조사 하고 각 Framework에서 MVC를 적용하는 예를 만드시오. (본문 코드를 이용하여 같은 예제를 Framework별로 구성하라.)
   //No Workshop, No Exercise for MVC

부록

목적	적용상황
Abstract Factory(생성패턴) 확실한 객체 클래스가 정해지지 않은 상태에서 객체 또는 여러 관련 객체를 생성하는 인터페이스를 제공한다.	여러 형태의 다른 구현객체들이 있고, 어떤 객체가 생성되어야 할 지를 결정하는 변수들이 여기 저기에 나타날 때 미리 정의된 조합이나 객체를 제공해야 할때 사용된다.
Factory Method Pattern(생성패턴) 객체 생성 인터페이스를 제공하여 주면서, 실제 생성할 객체는 서브클래스에서 결정하도록 한다.	한 객체가 다른 객체의 인스턴스(Instance)를 생성하여 사용해야 하지만 그 객체가 구체적으로 어떤 것인지 모르는 상태에서 접근 가능해야 하며 어떤 구체적인 객체를 생성할 것인가는 상속된 서브클래스가 결정하여야 한다.
Singleton Pattern(생성패턴) 객체의 인스턴스를 한 개만 만들지만, 별도의 고려 없이 일반적으로 사용해도 이 유일한 객체를 사용하게 해준다.	여러 Client가 동일 객체를 사용해야만 하는 따로 존재하지 않을 때 Singleton Pattern을 하면 문제를 일으킬 수 있는 경우 꼭 필요하다.

UML Class Diagram

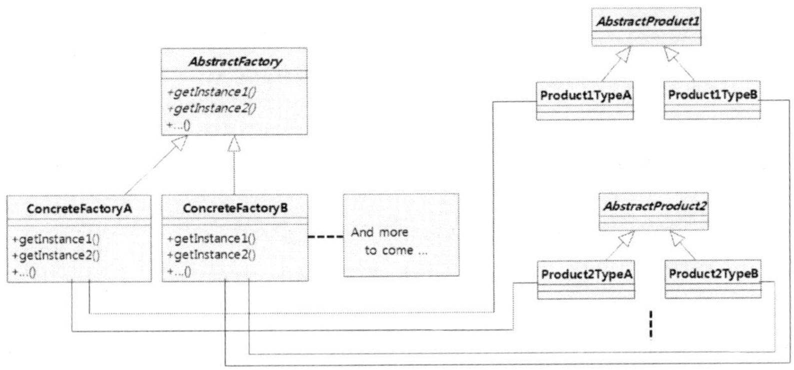

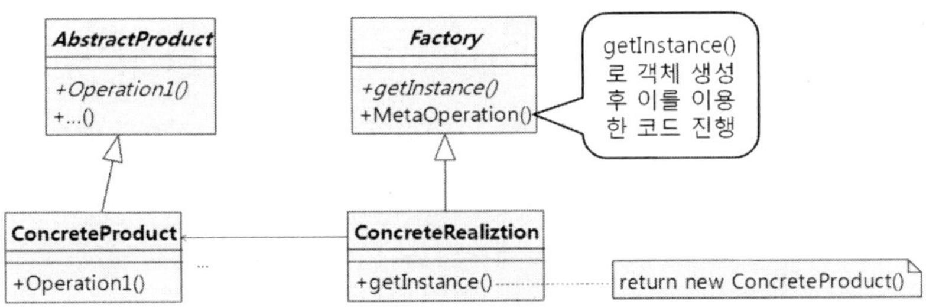

상황이면서 유일하게 하나의 객체가 있음을 보장할 상위객체가 적용하여야 한다. 프린터 드라이버와 같이 여러 개의 객체가 존재 (멀티 프로세스/프로세서 환경 고려필요)

목적	적용상황
Prototype Pattern(생성패턴) 생성될 객체의 기본형을 제공하는 객체 인스턴스를 정해놓고 객체를 생성할 때 객체 생성 후, 기본 인스턴스 상태로 만들어 준다.	1. 객체를 생성할 때 갖추어야 할 기본 형태가 있을 때 사용된다. 어떤 객체와 동일한 객체를 생성하여야 하는 상황이 주어지면 Prototype Pattern을 사용한다. 경우에 따라서는 동적으로 원하는 객체 기본형을 지정할 수 있게 할 수 있다. 2. Objective C와 같이 인터프리터 기반의 객체지향언어 프로그램을 컴파일형으로 변환할 때 사용된다.
Adapter Pattern(구조패턴) 내용상으로는 쓸 수 있는 객체이지만 인터페이스의 차이로 인해 달리 같이 쓸 방법이 없는 객체를, 개선된 인터페이스로 같이 쓸 수 있도록 구조화 한다.	현재 사용되고 있으나 외부에서 구하였거나 그 내력을 잘 모르는 라이브러리 또는 객체를 활용하여 프로그램을 작성하고자 할 때, 내용상으로는 사용 가능하지만 인터페이스가 달라 사용할 수 없을 때, 또는 조그만 차이로 인해 이를 수정하여 사용하고자 할 때 Adapter Pattern을 적용한다. 예를 들어 길이의 단위가 inch로 작성된 객체를 cm를 기준으로 만드는 시스템에 적용할 때 사용할 수 있다.

UML Class Diagram

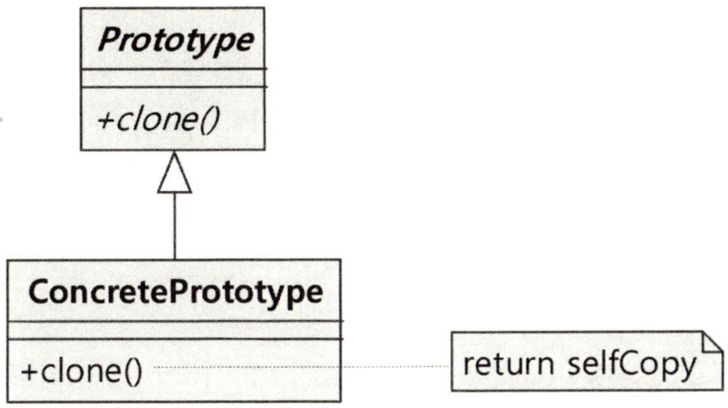

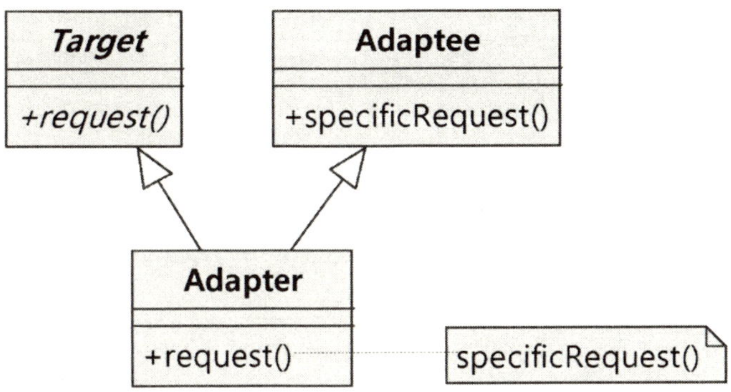

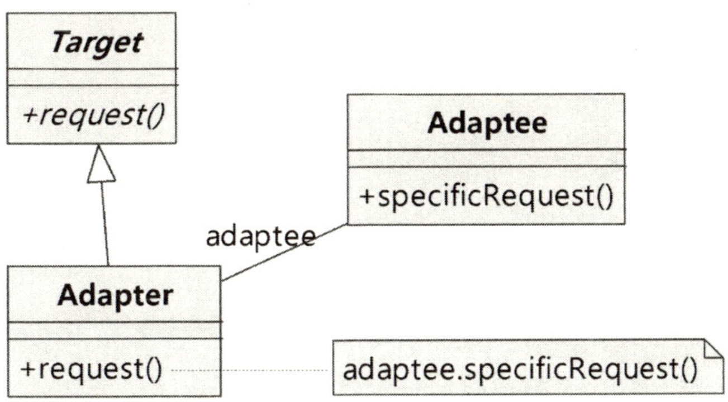

목적	적용상황
Composition Pattern(구조패턴) 여러 객체로 이루어지는 구조를 다시 포함하는 구조를 만들 수 있게 객체 구성을 트리 형태로 구조화 한다. 이렇게 하여 하나의 객체나 구조화된 객체가 동일하게 다루어질 수 있다.	 여러 객체가 구조를 이루고 있을 때 이들을 동일한 방법으로 다루고자 한다면 Composition Pattern을 적용하여야 한다. 예를 들어 그래픽 응용프로그램에서 어떤 도형 안에 다른 도형을 그리거나 문자를 써넣고 싶을 때, 또 이들 도형을 다시 다른 도형 안에 들어가야 할 때 사용된다
Decorator Pattern(구조패턴) 객체에 새로운 기능 또는 의무사항을 동적으로 추가 할 수 있는 구조를 만든다. 확장기능은 상속을 통해 자유롭게 추가된다.	 어떤 일을 수행할 때마다 다른 부수적인 일을 꼭 수행하여야만 하는 경우 또는 다른 일들을 조합해서 하나의 새로운 일을 만들어내야 하는 경우 적용된다.
Proxy Pattern(구조패턴) 다른 객체에 대한 접근을 통제할 수 있는 대리 객체를 제공한다. 이렇게 하여 어떤 객체의 사용과 접근을 통제할 수 있는 구조를 만든다.	 어떤 객체를 사용하거나 접근하기 전에 꼭 수행(Pre-processing)하여야 하는 일 또는 어떤 객체를 사용한 후에 꼭 수행(Postprocessing) 하여야 하는 일이 있다면 사용된다.

UML Class Diagram

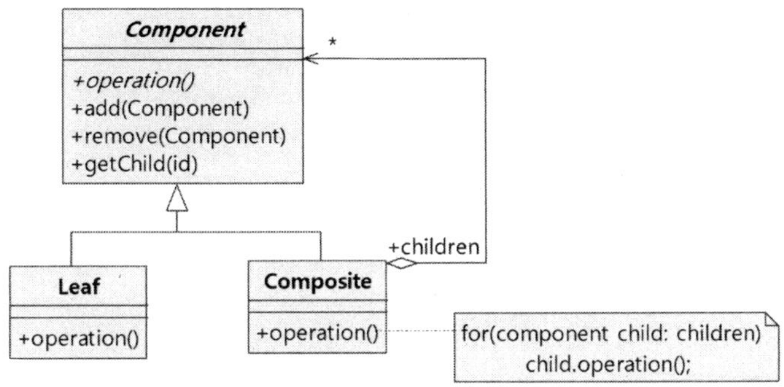

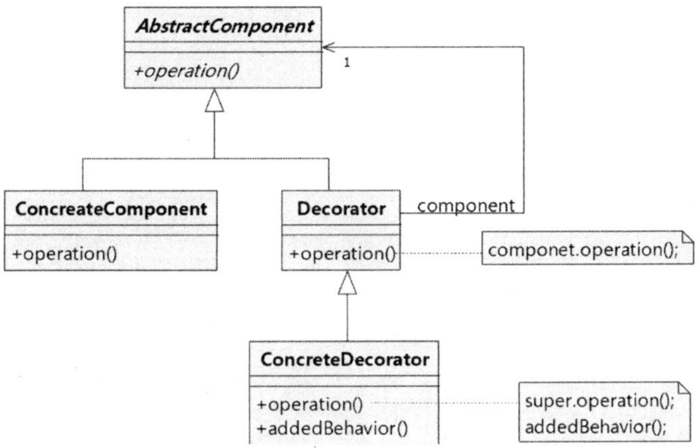

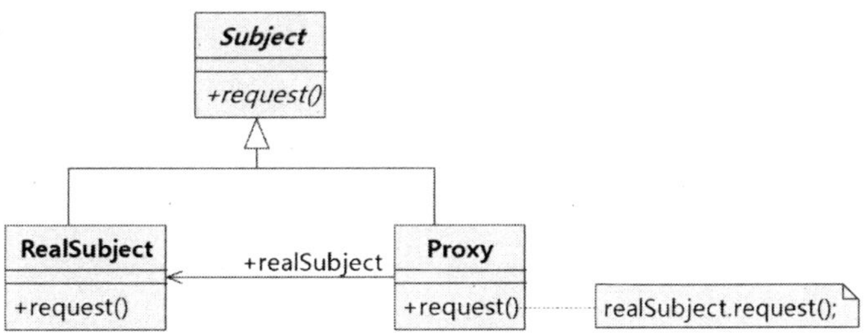

목적	적용상황
Observer Patten(행위패턴) 한 객체의 변화를 다른 객체들이 감지하여 그 변화에 따른 대응을 하여야 하는 경우를 다루는 일대 다의 객체 관계를 정의할 수 있게 한다.	 어떤 일이 벌여졌을 때 그 일이 발생한 것을 알아야 할 객체가 여러 개 있을 때 또는 앞으로 그러한 객체들이 추가될 수 있을 때 사용된다.
Strategy Pattern(행위패턴) 외부에서 알 수 없도록 다양한 알고리즘을 캡슐화하여 바꾸어가면서 사용할 수 있게 만든다. 각 알고리즘은 서로 대체가 가능하며 나아가 독립적인 추가나 변형이 가능하다.	 여러 개의 알고리즘 또는 비즈니스 룰이 적용 가능하며, 이를 동적으로 바꾸어야 할 경우 또는 새로운 알고리즘이나 비즈니스 룰이 도입될 수 있을 때 이를 수용하기 위해 사용된다.
State Pattern(행위패턴) 객체 내부상태가 바뀜에 따라 객체의 행위가 변할 수 있게 만들어 객체가 바뀐 것처럼 보이게 한다.	 어떤 상황이 발생하였을 때 이를 대응하는 방법이 시스템의 상태 또는 객체의 상태에 따라 바뀌는 경우 즉 객체 내부 상황에 따라 행위가 바뀌어야 하는 경우 사용된다.
Iterator Pattern(행위패턴) 여러 객체로 구성된 구조체의 내부구조를 공개하지 않고 차례로 각 객체를 접근할 수 있게 한다.	 여러 형태의 구조를 가지는 객체들을 하나씩 차례로 다루어야 하는 경우 사용된다.

UML Class Diagram

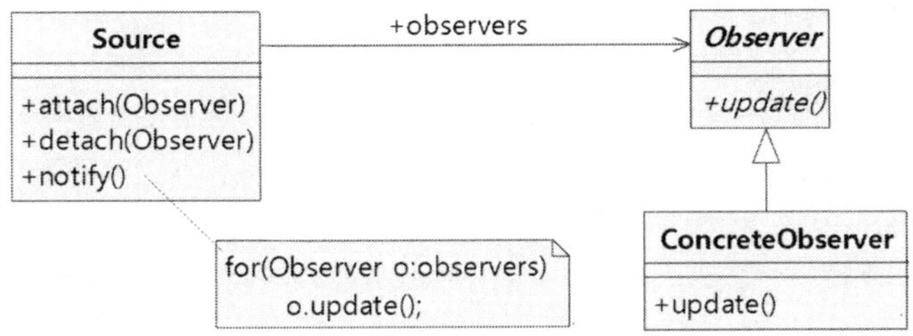

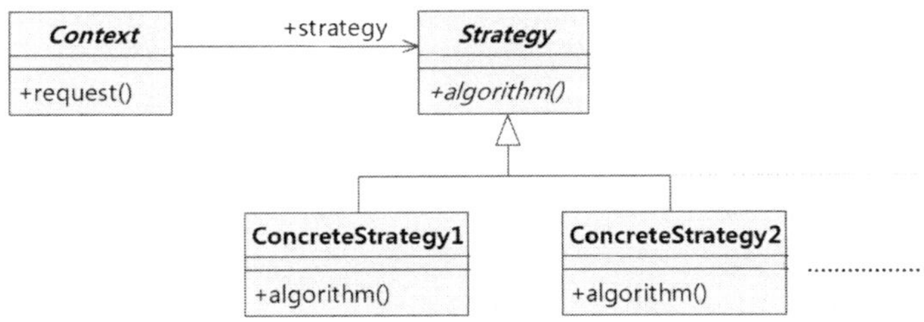

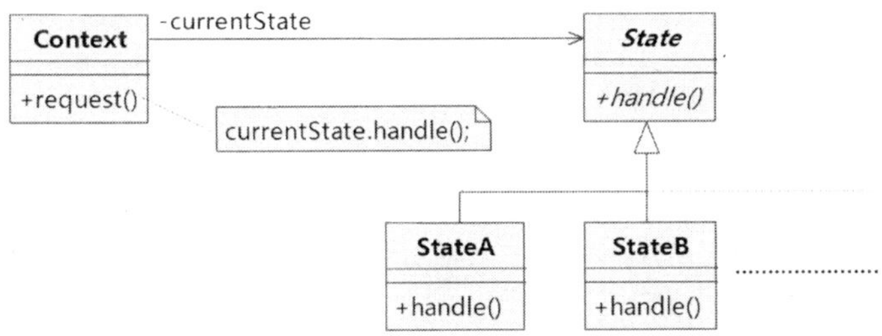

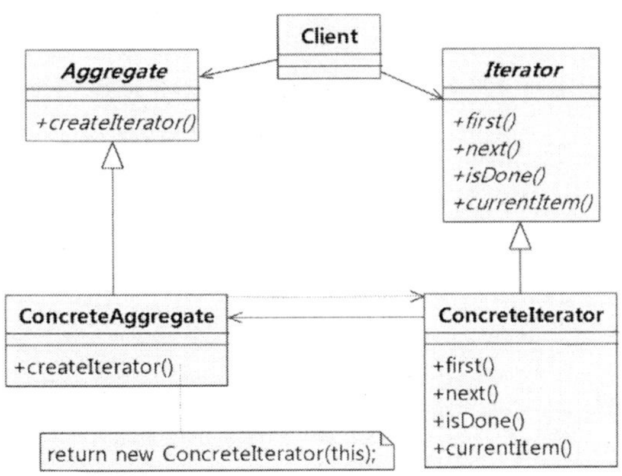

목적	적용상황
Command Patten(행위패턴) 다양한 요청을 객체로 만들어 요청 자체를 매개변수로 사용할 수 있게 한다. 이를 통해 요청을 기록하거나 큐에 순서대로 저장할 수 있게 하며 나아가 요청을 취소할 수 있게 한다.	여러 객체 또는 디바이스 등을 이용하는 방법이 달라 명령을 따로 내려야 하는 상황에서 이들 이용 방법을 통일시켜 처리할 때 사용된다. 방법이 통일되면 이들 통일된 방법으로 처리해야 할 일들을 나열하거나 여러 개의 일을 묶어 하나의 일로 정의가 가능하다.
Template Method Pattern(행위패턴) 알고리즘을 단계로 나누어 추상화된 오퍼레이션을 정의하고 이들 오퍼레이션으로 알고리즘을 구현하고자 한다. 몇몇 추상화된 오퍼레이션은 subclass에서 정의하게 하여 알고리즘의 구조를 건드리지 않고도 알고리즘 단계를 재정의하게 한다	어떤 일을 처리하는 알고리즘이 추상적인 처리단계로 나누어지면서 몇몇 단계가 경우에 따라 달라질 경우, 알고리즘을 여러 단계로 나누어 여러 개의 오퍼레이션으로 만들고 이 중 몇몇 오퍼레이션을 서브클래스에서 정의하게 한다. 전체 알고리즘은 나누어진 오퍼레이션을 method로 만들어 호출만으로 구성할 수 있다.

UML Class Diagram

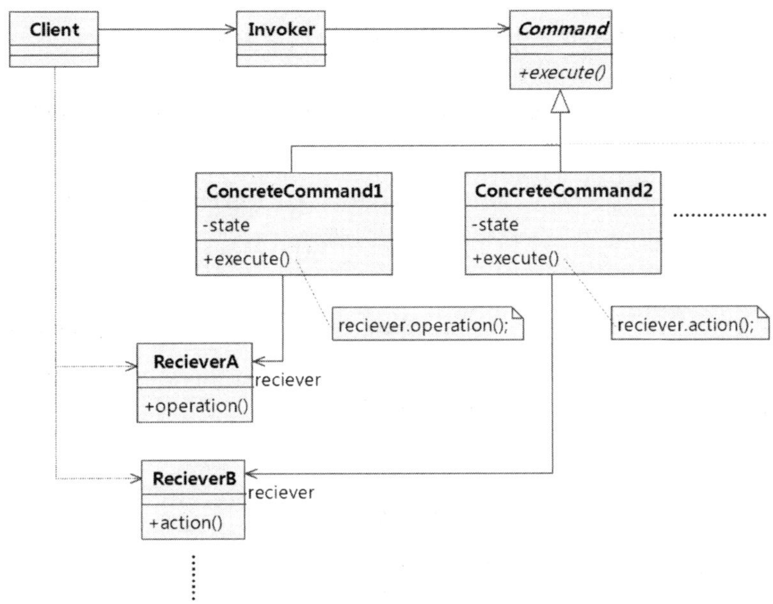

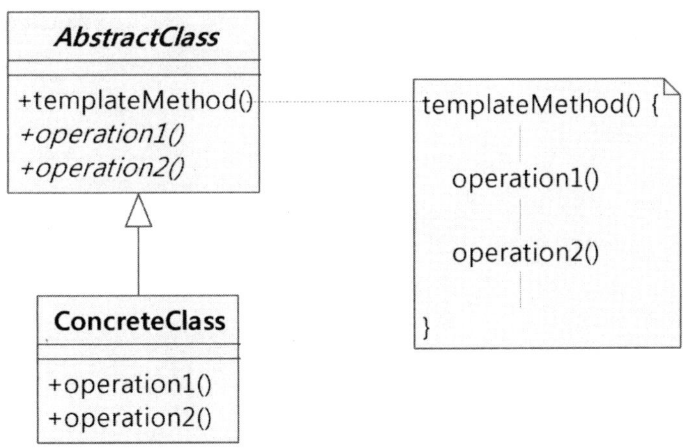

MVC Pattern(복합패턴)

MVC패턴에서는 3종류의 객체를 정의한다.

- Model은 응용프로그램에서 생산되고 표현되는 데이터를 다루고
- View는 화면에 출력되는 형태를 다루고
- Controller는 View가 사용자 입력에 따라 어떻게 반응해야 하는지를 정의한다.

Model의 데이터가 바뀜에 따라 View는 갱신되어야 하며 한 개의 Model에 여러 View가 연결된다. View의 사용자 반응은 controller가 담당한다.

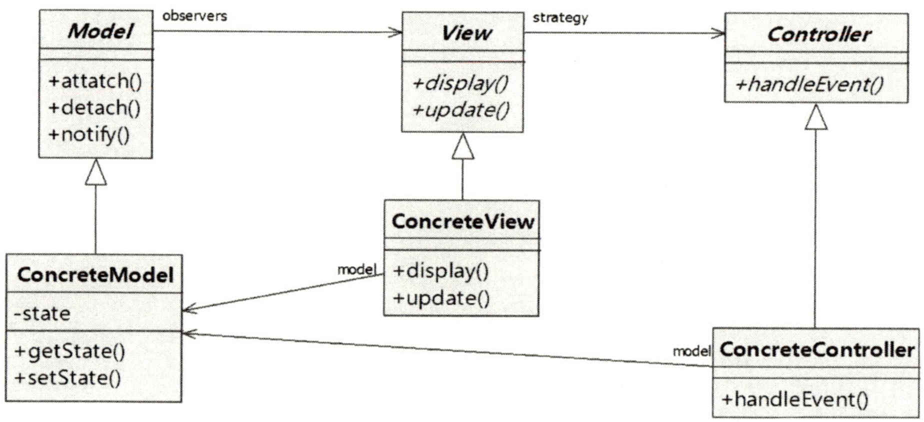

찾아보기

저자소개

박용범

단국대학교 컴퓨터과학과 교수

디자인 패턴

인　　쇄 : 2013년　8월 20일
발　　행 : 2013년　8월 30일
저　　자 : 박용범
발 행 처 : 도서출판 한산
서울시 서대문구 수색로 6길 43번지 105동 602호
TEL : (02)304-3504　FAX : (02)304-3505
발 행 인 : 김 기 영
등록번호 : 제 10-1745 호
I S B N : 978-89-89215-87-5　　93560

잘못된 책은 바꾸어 드립니다.

가격　17,000원